KB069986

흙땅에서 맨발로 노는 아이들

흙땅에서 맨발로 노는 아이들

김은주 · 이하정 · 임지연 공저

학지사

아이들의 '살아가는 힘(生きる力)'을 기르는

일본의 유아교육

"어릴 때는 밖에서 마음껏 뛰어 놀아야죠. 어차피 학교 가면
공부에 시달릴 텐데요."

누구나 동의할 만한 상식입니다. 그런데 요즘 우리나라에서
는 '어릴 때'라도 마음껏 뛰어놀기란 쉽지 않은 듯합니다. 동네
아이들이 나와 해질 때까지 놀다 간다던 마을 공터가 사라진 지
오래고, 깔끔하게 정비된 놀이터에서는 아이들의 노는 모습을
찾아보기 힘듭니다. 우리에게는 텔레비전 앞에서 장난감을 가
지고 놀거나, 휴대전화 게임을 하는 아이들의 모습이 더욱 익숙
할지도 모르겠습니다.

사실 아이들이 하루의 반나절 이상을 보내는 유치원이나 어
린이집도 사정은 마찬가지입니다. 소위 말하는 교육활동을 하
느라, 아이들은 교사 앞 조그만 테이블을 떠나지 못합니다. 아이
들이 의자에 앉아 그림 그리고, 노래 부르고, 동화를 듣는 사이,
태양 아래 흙을 밟으며 친구들과 뛰어놀 수 있는 시간은 점점 줄
어들고 있습니다.

이 책은 우리나라와 달리 '어릴 때는 밖에서 마음껏 뛰어놀아
야 한다.'는 상식을 진지한 유아교육 원리로 삼아 실천하고 있

는 일본의 보육 현장을 소개합니다. 우리나라의 유아교육 전공자인 필자들의 눈에 비친 낯설면서도 친근한 일본의 유치원과 보육원의 이야기입니다.

일본은 오래전부터 유치원과 보육원에 대하여 아이들이 마음껏 놀 수 있는 안전하고 충분한 놀이 시간과 공간, 그리고 놀이 친구를 확보해야 하는 책임을 부여해 왔습니다. 이는 1960~1970년대 급격한 산업화를 거치며 놀이와 자연의 결핍이 아이들을 정상적인 발달을 저해한다는 것을 경험적으로 깨달았기 때문입니다. 이 책에서 소개하는 일본 보육의 실천들은 이러한 현대 일본의 유아교육이 당면한 시대적 과제와 맞물려 있습니다.

우리나라와는 조금 달리 '자연'과 '자유' '놀이'를 보육의 기본원리로 삼고 있는 일본의 보육문화를 이해하는 데에는 일본 유아교육의 역사 속에 등장하는 두 명의 리더가 빠질 수 없습니다.

우선 제2차 세계대전을 전후하여 일본 보육의 체계적 기초를 확립한 일본의 프리벨, 쿠라하시 소우조우(倉橋惣三, 1882-1955)는 일본 보육을 이해할 때 지나칠 수 없는 중요한 인물입니다. 쿠라하시는 일본 최초의 유치원인 동경여자고등사범학교 교수이자 부속유치원(현 오차노미즈 여자대학 부속유치원)의 주사(현 원장에 해당)로 재직하면서, 일본적 보육론의 기본을 제시하였습니다. 그는 아이들 내면에 존재하는 '자발적으로 자라려는 힘'에 주목하며, 보육이란 아이들이 '스스로 자라도록 기르는 것'이라고 보았습니다.

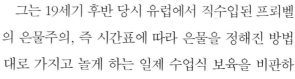

그는 19세기 후반 당시 유럽에서 직수입된 프뢰벨의 은물주의, 즉 시간표에 따라 은물을 정해진 방법대로 가지고 놀게 하는 일제 수업식 보육을 비판하였습니다. 그는 그 대신 '자라는 힘'은 자연 속에서 충분하고 자유롭게 노는 '아이다운 생활'을 통해 발휘된다는 것을 강조하였습니다. 이렇게 쿠라하시는 아이들 내면의 신성(神性)을 강조한 프뢰벨의 정신을 일본의 문화와 풍토에 맞는 일본 아이들을 위한 보육론으로 정착시켰던 것입니다.

아이다운 생활을 보장하려는 보육정신은 오차노미즈 여자대학 부속유치원의 실천과 함께 지금도 일반인들과 현장의 교사들에게 일본 보육의 원형으로서 인식되고 있습니다. 물론 일본에도 덧셈과 뺄셈, 히라가나를 가르치는 유아교육기관이 없는 것은 아닙니다. 그러나 최고의 전통과 권위를 자랑하는 오차노미즈 여자대학 부속유치원의 아이들은 오늘도 하루 종일 뒷동산과 놀이터를 뛰어다니며 점심때가 되어서야 비로소 교실로 들어오는 놀이가 중심이 되는 생활을 하고 있습니다. 그런 점에서 독자들이 이 책에서 만나게 될 유치원이나 보육원에서의 실천들은 소수의 특별한 원들의 생각이나 방법이 아닌, 보육의 원형을 찾으려는 일본 보육현장의 노력의 결과입니다.

쿠라하시가 일본의 유아교육을 학계에서 이론적으로 이끌었던 인물이라면, 사이토 키미코(齊藤公子, 1920-2009)라는 인물은 지극히 서민적이며 구체적인 방법론을 제시한 실천가였습니다. 그녀는 동경여자고등사범학교를 졸업한, 쿠라하시의 제자이기도 하였는데, 사이타마현의 사쿠라 사쿠란보 보육원과 제2의 사쿠란보 보육원을 창설하여 구체적인 보육법들을 제시하였습니다. 그녀의 보육법은 '사쿠라 사쿠란보 보육'이란 이름으로 1978년 일본 국영방송에서 다큐멘터리로 소개되어 일본 전역으로 퍼지게 되었고, 지금도 일본의 많은 유치원과 보육원에서 실천되고 있습니다. 이 책에 소개되는 많은 사례들에서도 사쿠라 사쿠란보 보육의 흔적을 만날 수 있습니다.

　사이토는 아이들이 온전히 발달하기 위해서는 그들의 '스스로 발달하려는 욕구'에 의지해야 한다고 생각하였습니다. 그녀는 급속한 경제발전 이후 일본의 아이들에게서 나타나는 이상(異常) 징후들에 주목하였습니다. 사이토는 팔다리가 약해 잘 넘어지는 아이, 음식을 씹는 힘이 약한 아이, 언어 발달이 지체되는 아이가 늘어나는 이유는 모두 현대의 육아환경이 아이들의 '스스로 발달하려는 욕구'를 채워주지 못했기 때문이라고 지적

하였습니다. 그래서 사이토의 보육법은 특정한 기능을 빨리 발달시키려는 방법이 아니라 아이들의 '발달하려는 욕구'를 천천히 그리고 충분히 채워 줌으로써 아이 '스스로' 발달하도록 돕는 방법입니다. 필자들은 이 책을 통해 독자들이 이 미묘한 발달에 대한 입장 차이를 발견하길 기대합니다.

독자들은 이 책 곳곳에서 만나게 될 손에 잡히는 유용한 유아교육의 원리들이 의외로 단순한 것임에 놀랄 것입니다. 이는 일본 보육의 또 다른 특징이라고 생각합니다. 필자들은 1998년부터 2014년까지 수차례 일본의 유아교육 현장을 탐방하면서 일본 곳곳에서 진술하지만 자신 있게 자신들의 '보육원리'를 설명하는 실천가들을 만날 수 있었습니다. 그들은 어려운 교육학자의 논리나 심리학자의 이론에 의존하기보다, 그들의 눈앞에서 먹고 놀고 장난치는 아이들을 통해 얻은 경험을 더 믿고 있었습니다. 이러한 현장의 실천가들로 부터 나오는 '보육력' 이야말로 현재 일본의 보육을 지탱하고 있음을 알 수 있었습니다.

이 책은 총 여섯 개의 장으로 구성되어 있습니다. 각 장의 내용은 필자들이 찾은 일본 보육의 핵심 원리이며 방법들입니다. 여기서 소개할 일본의 현장 사례들은 모습은 제각각이지만 아이들에게 내재된 '살아가는 힘'을 기른다는 큰 목적을 공유하고 있었습니다. 각 장에서 제시되는 원리는 바로 이 '살아가는 힘'을 기르기 위한 구체적인 실천 원리들입니다. '살아가는 힘'은 1996년 이후 일본의 문부과학성이 정한 유치원과 학교교육

과정이 추구하는 목표이자, 앞서 살펴본 쿠라하시와 사이토가 강조한 아이들의 자라려는 힘이나 발달하려는 욕구와 일맥상통하는 일본 보육의 핵심이라 하겠습니다.

첫 번째 장인 '자(自), 내 일은 내가 하는 아이들'에서는 아이들 스스로 하는 힘을 길러 주고 있는 일본 보육의 단면들을 소개합니다. '살아가는 힘'은 스스로에게서 비롯되어야 합니다. 오늘날, 많은 교육 프로그램들이 있음에도, 그 프로그램에 참여하지 않으려는 아이들 때문에 골머리를 앓고 있는 어른들을 생각한다면, '스스로 하기(자, 自)'가 왜 일본 유아교육의 출발점이 될 수밖에 없는지 직감할 수 있을 것입니다.

두 번째 장인 '신(身), 온몸으로 자연을 품고 자라는 아이들'에서는 유아기의 '살아가는 힘'의 기초는 튼튼한 몸에서 비롯된다는 단순한 진리가 어떻게 실천되고 있는지 소개합니다. 이 장에서는 바깥놀이, 리듬운동 등 평범한 활동들을 묵묵히 지속해 가는 일본 교사들의 진지한 자세를 발견할 수 있을 것입니다. 그 진지함에서 유아기의 튼튼한 신체에 부여된 그들의 무게중심을 느껴 보길 바랍니다.

세 번째 장인 '식(食), 전통의 참맛을 익히는 아이들'에서는 아이들의 식생활과 관련된

구체적인 실천 사례에 대해 소개합니다. '살아가는 힘'은 무엇을 어떻게 먹는가와 직결됩니다. 이는 어린 시절 뿐만 아니라 전 생애에 걸친 미감(味感)과 식습관을 형성하는 중요한 문제입니다. 독자들은 이 장에서 '식(食)교육'이야말로 일본 보육의 가장자리가 아니라 핵심이라는 사실을 확인할 수 있을 것입니다.

네 번째 장인 '육(育), 맨발로 같이 뛰노는 선생님'에서는 교사들의 구체적인 모습을 소개합니다. 쿠라하시는 보육이란 '아이들 스스로 자라는 힘을 기르는 일'이라고 하였습니다. 이 쉽지 않을 것 같은 일을 일본의 보육교사들은 어떻게 실현하고 있는지 그들의 소박한 실천들을 소개합니다.

다섯 번째 장인 '심(心), 그림으로 아이들의 마음을 읽는다'에서는 그림을 통해 아이들의 마음을 읽고, 이를 보육에 활용하는 보육원의 실천을 소개합니다. 독자들은 아이들의 그림에 드러나는 아이들의 '살아가는 힘'의 실체를 미미하지만 확실히 느끼게 될 것입니다.

여섯 번째 장인 '연(然), 빈 교실과 자연을 담은 놀이터'에서는 아이들이 자신의 '살아가는 힘'을 십분 발휘하도록 마련된 환경의 구체적인 모습을 소개합니다. 일본 보육 현장에서 환경이란, 계절과 날씨의 변화를 그대로 드러내는 바람과 태양, 물과 흙과 나무 등의 자연물을 만나며, 아이들의 움직임과 욕구를 수용하는 곳입니다. 독자들은 일본의 보육 현장 사례를 사진으로 보면서 유아교육에서의 공간은, 자연도 아이도 그 본성 그대로 그러하게(然) 존재하는 곳임을 느낄 수 있을 것입니다.

생각해 보면 우리나라에서는 유아기 아이에게 가르쳐야 할 것이 너무 많습니다. 그러니 '어릴 때는 놀아야 한다.'는 말이 이상론이 되는 것도 당연하지요. 이건 뭔가 아니다 싶지만, 여기저기 어디를 봐도 아이들을 앉혀 두고 특별한 만들기나 그리기를 하는 것이 유아교육이라고 합니다. 텔레비전에서도, 유치원에서도, 우리나라 교육에서 가장 영향력 있다는 '옆집 아줌마'도 그렇게 아이를 키웁니다.

필자들은 이 책을 통해 독자들의 시선을 멀리 일본의 어느 보육원으로 옮겨 보길 권합니다. 거기서 하루 종일 흙을 밟으며 친구들과 어울려 뛰어 노는 아이들의 해맑은 웃음을 만나 보길 바랍니다. 그리고 그 모습을 먼 나라 이야기나 옛이야기가 아니라 지극히 현실성 있는 오늘날 우리의 이야기로 느꼈으면 좋겠습니다.

일본 유아교육 현장의 아이들에 대한 '이유 있는 놀림'을 진지하게 살펴보며 유아교육 혹은 아이 키우기에서 무엇이 더 중요하고 무엇이 덜 중요한지 재정립하는 계기가 되길 바랍니다. 그리고 우리나라의 아이들을 길러 내야 할 우리의 '아이 기르는 힘'도 쑥쑥 자라는 데에 이 책이 작은 보탬이 되길 희망합니다.

2015년 10월
저자 일동

| 차 례 |

自,

내 일은
내가 하는 아이들

일본 보육의 원리는 어렵지 않다. 건강한 먹거리를 주고, 좋아하는 흙놀이와 물놀이를 허락하고, 친구들과 어울려 놀게 하면 아이들은 쑥쑥 자란다는 것이다. 마치 나무가 좋은 토양에 뿌리를 내리듯 안에서 밖으로 그렇게 자란다고 믿는다. 일본 교사들은 그 증거를 아이들의 넘치는 에너지, 즉 '자발성(自發性)'에서 찾고 있다. 교사들이 할 일은 어디로 튈지 모르는 아이들의 '자발성'을 '자립(自立)'으로 다듬어 주는 일이다. 이를 위해서 일본 교사들이 아이들에게 제시하는 두 가지가 바로 '놀이'와 '일'이다.

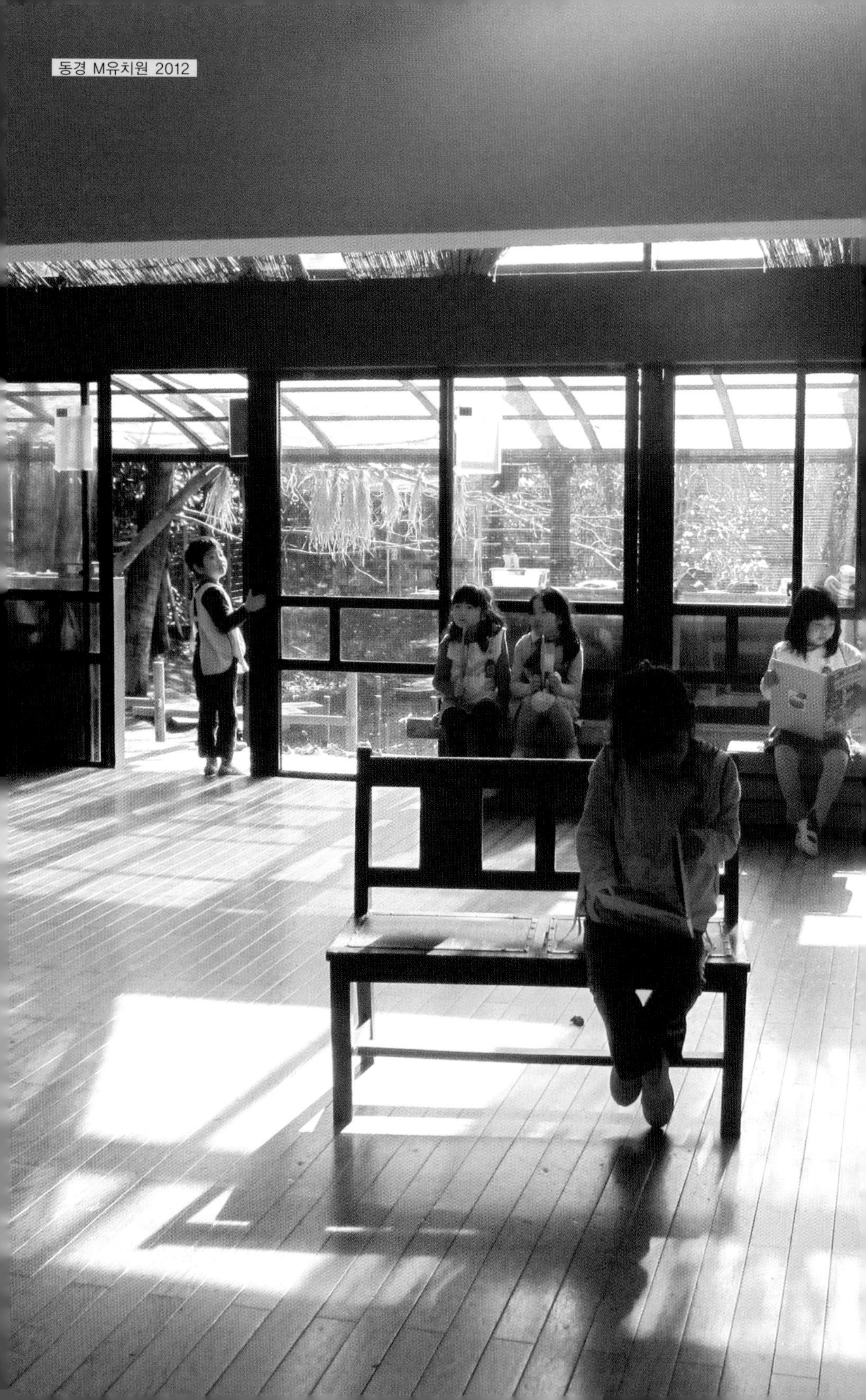
동경 M유치원 2012

🌿 오늘은 또 뭘 하고 놀까?

동경 M유치원 2013

"오하요우!" 낭랑한 목소리로 인사하며 한 아이가 교실에 들어선다. 아이는 교실을 한번 둘러보고는 친구가 왔는지 어디에 있는지, 뭘 하고 노는지 살펴본다. 삼삼오오 모인 아이들이 있으면 뭔가 재미있는 것을 놓칠세라 기웃거려 본다. 엄마 놀이가 한창이다. 재미있어 보이면 "나도 끼워 줘~." 하고 말을 걸어 보는데, 오늘은 별로 내키지 않는가 보다. 창밖으로 어제 그 멤버들이 축구를 하는 모습이 보인다. 선생님께 "다녀오겠습니다!" 외치고는 놀이터로 뛰어나가 버린다.

동경 시내에 위치한 M유치원의 흔한 아침 풍경이다. M유치원도 우리나라의 여느 유치원과 마찬가지로 놀이로 하루를 시작한다.

동경 M유치원 2013

우리나라와 다른 점이 있다면, 그 놀이가 조금 더 오래 그리고 자유롭게 이루어진다는 점이다.

우선 아이들은 유치원 어디든 갈 수 있고 놀 수 있다. 교실과 바깥놀이터, 복도, 신발장 옆, 계단, 원장실, 동생반 교실이나 형님반 교실 등 어디든 빈공간은 아이들의 놀이터가 된다. 교실과 교실을 잇는, 반쯤은 닫히고 반쯤은 열린 복도는 아이들이 소꿉놀이를 하는 인기 장소다.

놀이터에서 이뤄지는 놀이는 무궁무진하다. 흙놀이, 물놀이, 공놀이, 줄넘기, 집짓기, 삼삼오오 모여 엄마놀이, 아빠놀이를 하는 아이가 있는가 하면, 술래잡기, 달리기, 숨바꼭질, 축구를 하는 아이도 있고, 나무 타기를 하는 아이도 있고, 한쪽 구석에 쪼그리고 앉아 흙공에 광을 내는 아이도 있다.

여름에는 연못가에서 개구리를 잡는 아이, 땅속에서 콩벌레와 각종 벌레를 잡아 모으는 아이, 비온 뒤에는 삽을 들고 놀이터의 땅을 파서 길을 내고 강을 만드는 아이, 가을에는 수북이 쌓인 낙엽을 그저 주워 모으는 아이도 있다. 숲속에 있는 나무 오두막은 각종 놀이의 아지트로 인기가 있다. 요즘은 '오오츠카 경찰서' 간판이 붙어 있는 걸 보니 경찰놀이가 유행인가 보다. 여기저기 옹기종기 모여 무엇인가에 몰두하고 있는 아이들을 보고 있자면 뭐가 그리 재밌나 싶다가도, 그 진지한 표정에 그런 마음을 먹었던 것이 미안해진다.

동경 M유치원 2013

동경 M유치원 2013

후쿠오카현의 K보육원에서도 아이들은 하루 중 실내에 있는 시간이 별로 없다. 아이들은 매일 흙과 모래와 물로 범벅이 되어 논다. 동물 우리를 도망 나온 토끼를 쫓고 있는 아이들의 모습도 보인다.

　　그런데 이러한 일본 현장 속 놀이들은 가만히 보면 특별한 건 아니다. 놀이터 곳곳에서 펼쳐지는 놀이는 누구나 어린 시절에 한 번쯤은 심취했었을 그런 놀이들이었다. 일본 교사들도 아이들이 느끼는 재미를 잘 알고 있는 것 같았다. "아이들은 흙놀이를 좋아하잖아요." "아이들은 흙에다 물을 섞는 것을 좋아하더라고요." "아이들은 숨는 것을 좋아해요." "아이들은 집짓기를 잘해요." 그래서 마련해 준 흙이고, 수돗가고, 나무 오두막이었던 것이다.

후쿠오카현 K보육원 2010

후쿠오카현 K보육원 2010

그래서 그런지 아이들은 어제도 오늘도 같은 놀이를 하지만, 유치원을 졸업할 때까지 흙놀이, 물놀이, 소꿉놀이, 곤충잡기를 하고 싶어 한다고 한다. "얼마 전에 놀이터 흙산에 흙을 좀 바꿨어요. 더 고운 흙이라 아이들이 흙공을 더 잘 만들 수 있을 거 같아요." 하며 흐뭇해하는 주임 교사의 표정에서 소박하지만 아이들의 놀이를 진정으로 배려하는 일본식 놀이중심교육을 만날 수 있었다.

동경 M유치원 2013

동경 M유치원 2013

필자가 관찰한 일본의 원들은 대체로 놀이 시간이 매우 길다. 우리나라의 일반적인 유치원들이 오전에 적게는 30분에서 길게는 1시간을 할애하는 것과는 비교도 안 될 만큼 길다. 아이들은 특별한 날을 제외하고는 그야말로 하루 종일 논다. 오전 9시 무렵에 등원한 아이들은 오전 내내 놀고, 점심 먹고 다시 놀다가 집에 간다. 필자에게는 조금 길다 싶은 이 시간동안 아이들이 지치지 않고 노는 걸 보면 그 에너지가 놀라울 따름이다.

동경 M유치원의 하루 일과

09:00~11:00	등원 및 자유놀이
11:00~11:30	정리
11:30~12:30	아침 모임 및 점심
12:30~02:10	자유놀이 및 정리
02:10~02:30	동화 듣기 및 귀가

이 '놀기만 하는' 하루 일과에 필자가 놀라워 하면 대개 일본 교사들은 자신들의 보육 방식이 일본의 일반적인 형태는 아니며, 소위 일제(一齊)식 보육을 하거나 공부를 시키는 곳도 있다고 말한다. 그래도 정확한 수치를 알 수는 없지만, 필자의 경험상 일본 내에서 장시간의 자유놀이를 보장하는 원은 몇 번의 수소문만 하면 쉽게 찾을 수 있을 정도였다.

M유치원은 동경 중심지에 있고, 원생들은 대부분 명문 소학교 입시를 준비하고 있다. 이는 일본에서는 상당히 높은 교육 수준과 열의를 가진 학부모들이 놀이중심의 유치원을 선호하고 있음을 보여준다. 그런 의미에서 놀이중심의 유치원은 일본에서는 그리 드문 것도 뒤처지는 교육도 아닌 것이다.

그래도 우리나라의 1시간 남짓한 아침 자유선택활동에 익숙한 필자에게 M유치원의 일과는 낯설음을 넘어, 너무 오래 놀리는 것이 아닌가 하는 불안까지 느끼게 되었다. "왜 이렇게 놀이 시간이 길지요?"라는 필자의 질문에 일본 교사의 대답은 간단했다. "아이들은 놀이 속에서 배우니까요." 더 정확히 말하면 놀이를 반복하며 배운다는 것이었다. 교사는 덧붙였다.

"6세 때 많이 싸우던 아이들도 7세가 되면 다툼이 거의 없어요. 괜히 노는 시간만 줄어드니까요. 이제 다투면서 시간을 낭비하는 것보다 그 시간에 타협하는 것이 현명하다는 것을 알게 됩니다. 아주 많이 싸워 봐서, 상대가 어떨 때 화를 내고 토라지는지도 알고 있죠. 다툼이 줄어든 만큼 놀이가 깊어지고 확장됩니다."

일리가 있는 설명이었다. 매일 반복되는 아이들의 놀이 속에서 사소하지만 진짜 배움이 이루어진다는 의미일 것이다.

그렇지만 아이들의 놀이에 대한 환상은 금물이다. 필자가 처음 M유치원에서 받았던 인상은 아무것도 안 하고 있는 아이들이 많다는 점이었다. 친구들이 노는 것을 멍하게 쳐다보거나 쫓아다니기만 하고, 정작 딱히 하는 것이 없는 아이들을 보며, 내가 뭐라도 해 줘야 하지 않을까 하는 불편한 마음이 들었다. 이른바 교사로서의 '지도' 충동이 일어난 것이다. 하지만 그런 아이들을 보는 일본 교사들의 시선은 의외로 편안했다. 한 일본 교사는 아이들이 '아무것도 하지 않는 것'이 아니라 '관찰'을 하고 있다고, 우리가 생각하는 것보다 더 많은 것을 보고 느끼고 있다고 말해 주었다.

아이들이 노는 모습을 세심히 관찰해 온 일본 교사들은 아이들이 기계에 스위치를 켜는 것처럼 즉각적으로 놀이에 흥미를 느끼고 몰입하지 않는다는 것을 알고 있었다. 아이들은 주변 상황이나 친구가 하는 놀이, 선생님이 하는 놀이들을 무심한 듯하면서도 세심하게 관찰한다는 것이다. 한 일본 교사의 설명이다.

"아이에 따라서 관찰의 시간이 몇 분으로 짧은 아이도 있고, 몇 십 분이나 긴 아이도 있는 것 같아요. 소극적인 아이는 다른 아이들이 노는 모습을 몇 십 분이고 관찰만 하기도 해요. 그렇지만 시간이 지나고 유치원에 좀 더 적응되면 이런 시간은 짧아져요. 형님반이 되면 아마도 집에서 눈을 뜰 때부터 무엇을 하고 놀지 결정하고 오는 것 같아요. 심취한 놀이가 있을 때는 등원 시간도 빨라지는 것 같아요."

우리나라 유아교육에서도 늘 아이들의 흥미와 관심을 반영하라고 말한다. 그런데 혹시 아이들의 흥미와 관심을 수동적인 것이나 즉각적인 것으로 오해하고 있는 것은 아닐까? 아이가 즉각적 관심을 보이지 않으면 흥미가 없다고 생각해 왔던 것은 아닐까?

일본의 국가수준 지침서인 『유치원교육요령』이나 『보육소보육지침』에서는 '유아의 자발적인 활동으로서의 놀이를 통한 교육'을 지향한다고 명시하고 있다. 그들이 말하는 '자발적 활동'인 놀이는 아이들이 자신의 호기심에 따라 움직이고 탐색할 수 있는 시간과 자유를 부여하는 것에서 시작하고 있는 것이다. 그들이 생각하는 놀이란, 정해진 어떤 형식의 놀이를 아이들에게 주는 것이 아니라, 아이 스스로 주변을 관찰하고, 여러 시도도 하고 실패도 하고, 그러면서 비로소 몰입으로 이어지는 과정을 의미한다. 이 모든 과정이 놀이가 되는 것이다.

넓은 놀이터와 교실에서 아이가 무엇을 찾고, 어디에 관심을 기울이는 지는 그 아이의 몫이다. 필자는 이 과정이야말로 한 아이의 충동적인 '자발성'이 성숙한 '살아가는 힘'으로 자라나는 과정이 아닐까 하는 생각이 들었다.

M유치원의 점심시간, 아이들은 저마다 자기가 놀던 것을 정리하고 하나 둘 교실로 들어간다. 빈 놀이터에는 놀이도구들만이 가지런히 바구니에 담겨 있다. 점심을 먹고 난 아이들이 제2차 놀이판을 벌리기 전, 놀이터는 잠시 휴식을 취하고 있었다. 그런데 여기저기 정리되지 않은 놀잇감들이 있다. 옹기종기 모여 있는 흙이 담긴 그릇들, 신발장 옆 구석에 있는 흙을 모아놓은 그릇… . 그 위에는 아이들의 서툰 글씨가 적힌 푯말이 놓여 있다. "계속합니다."

점심 먹고 와서 또 놀 테니까 정리하지 말아 달라는 표시다. 몹시
아이다운 이 푯말에서 필자는 아이들의 눈높이에서 그들의 놀이를
진심으로 응원하는 일본 교사들의 마음을 느낄 수 있었다.

つづきをします

🌿 내가 놀 건 내가 만든다

　어른들이 만들어 주는 놀잇감에는 어른들의 욕심이 담겨 있는 경우가 의외로 많다. 아이는 '놀이' 처럼 느끼더라도, 부모나 교사는 그 놀이에 '학습' 을 담고 싶은 것이다. 지능 발달에 좋다거나 뇌 발달이 촉진된다고 선전하는 놀잇감들이 바로 그런 예들이다.

　그런데 일본의 보육시설에서 보는 놀잇감은 조금 달랐다. 아이들이 기성 놀잇감을 가지고 노는 것이 아니라, '놀기 위해' 자기만의 놀잇감을 만들고 있었다. 교사들은 아이들이 놀면서 배우는 것 못지 않게 만들면서 배운다고 생각한다.

동경 M유치원 2013

아이들 스스로가 만드는 놀잇감은 흙놀이에서 쉽게 찾아볼 수 있다. 일본의 보육원이나 유치원에서 가장 흔한 놀이인 흙놀이는 모든 연령대의 아이들에게 사시사철 인기가 있다. 아이들은 여섯 살 정도가 되어 손끝이 정교해지면 흙에 물을 섞어 뭉친 흙공 만들기를 시작한다. 바깥놀이터 한쪽에 삼삼오오 앉아서 흙공 만들기에 심취한 아이들의 모습을 쉽게 볼 수 있다. 입으로는 재잘재잘 떠들고, 손으로는 흙공을 만든다.

흙공 만들기는 수준에 따라서 몇 십분 정도의 작업이 될 수도 있고, 2~3일이 걸리는 작업이 될 수도 있다. 단순히 공의 형태를 만드는 것을 너머, 반짝반짝 광이 나는 흙공을 만들 수도 있기 때문이다.

아이치현 H유치원을 참관하였을 때의 일이다. 필자는 조금씩 광채가 나기 시작하는 흙공의 변화에 놀라 감탄을 연발하고 있었다. 그런 필자에게 한 아이는 흙공에 광을 내는 비법을 전수해 주었다. "…이렇게 하얀 모래를 뿌리고 공을 손바닥으로 비비면 돼." "비비라고?" "응. 이렇게 계속 하면 돼." 아이는 흙공에 직접 시범을 보이며 친절히 설명해 주었다. 흙공 주변에 고운 흙을 뿌린 다음에 손바닥으로 조심스럽게 비비면, 공의 표면이 조금씩 매끈해지기 시작하고, 노력에 따라서는 흙공에서 도자기처럼 광채가 나기도 하는 것이었다.

설명을 마친 아이는 비밀을 알려 주듯 필자를 놀이터 한 귀퉁이로 안내했다. 그곳 바닥에 흙공에 광채를 내는 데 필수적인 고운 모래가 많다는 것이었다. 필자는 그 비밀 장소에서 가져온 하얀 모래 덕분에 아이와 함께 한나절 내내 흙공을 만들 수 있었다.

이렇게 일본 현장의 아이들은 흙공과 함께 놀면서 만들고, 만들면서 놀고 있었다. 필자는 아이들이 그 과정 속에서 엄청난 기술과 지혜를 자연스럽게 그리고 필연적으로 습득해 가고 있음을 보았다. 흙공 하나를 만들기 위해, 아이들은 물과 흙의 적당한 비율을 알아야 하고, 공을 깨뜨리지 않으면서도 단단하게 만드는 적당한 힘 조절을 할 수 있어야 함은 물론이었다. 그리고 필자에게 비밀 장소를 알려 준 아이처럼, 필요한 재료를 어디서 얻을 수 있는지도 파악해야 한다. 그리고 무엇보다 흙공에 원하는 광채를 내려면 물리적인 시간이 필요하니 인내심도 필수다.

누구 하나 흙공을 만들라고 한 적도 없지만, 아이들은 스스로 흙공을 만들고, 많은 것을 배우고 있었다. 필자는 어떤 교수–학습 이론이나 프로그램이 이처럼 많은 기술과 지혜를 아이들에게 가르칠 수 있을까 생각해 보았다. 필자는 '놀이를 통해서' 말고는 더 적절한 답을 떠올릴 수 없었다.

오키나와현의 M보육원에서는 만 5세반 아이들이 죽마를 만드는 모습을 볼 수 있었다. 이 보육원에서는 매년 3학기(겨울방학이 지난 1월 초에서 3월 중순까지의 두 달이 조금 넘는 기간)가 시작되면 최고 연령인 만 5세반 아이들이 자신만의 죽마를 만든다.

아이들은 각자의 신장과 대나무의 전체 길이 그리고 대나무 마디의 간격 등을 꼼꼼히 따져서 알맞은 대나무를 고르는 것에서부터 시작한다고 한다. 그런 다음에는 자기 신장에 맞게 대나무를 자르고, 발판이 될 나무를 잘라서 줄로 고정시킨다고 한다.

오키나와현 M보육원 2013

　필자가 방문했을 때에 일곱 살 아이들은 대나무에 나무 발판을 고정시키거나, 발판이 될 나무를 자르는 작업을 하고 있었다. 아이들은 서로 잡아 주기도 하고, 고정시킨 발판에 올라타서 강하게 고정되었는지 시험해 보고 있었다. 톱질하는 손놀림이 수준급이었다. 성인인 필자가 보기에도 꽤 난이도가 있어 보이는 작업이었다. 20명은 넘어 보이는 아이들이 넓은 공원에서 저마다 작업에 열중하는 모습이 사뭇 진지했다. 교사의 모습이 보이지 않았지만, 아이들은 조용하게 작업하고 있었다.

　아이들은 분명히 죽마를 만드는 과정에서 많은 것을 배우고 익히고 있었다. 그 배움은 죽마를 고르는 것에서부터 시작한다. 원장은 길이가 적당한 한 쌍의 대나무를 고르는 것에서부터 아이들의 능력이 요구된다고 하였다. 대나무를 자르거나 발판을 위한 나무 조각을 자르는 톱질 능력도 필요하다. 그리고 나무 발판을 대나무에 고정시키려면 줄을 고정시킬 만큼의 손아귀 힘이 있어야 한다. 상당한 난이도와 시간이 걸리는 이 작업을 끝까지 해낼 수 있는 인내심과 끈기도 필요하다. 사실 이러한 능력들은 하루아침에 얻어질 수도, 하나하나 가르칠 수도 없을 것이다.

그러나 무엇보다 필자를 놀라게 했던 것은 넓은 공원에서 20명이 넘는 아이들이 각자의 작업에 몰두하고 있는 모습 그 자체였다. 이 나이 또래의 아이들에게 흔히 예상되는 대나무를 휘두르며 장난치거나 뛰어다니는 아이들도 없었고, 아이들을 감시하거나 야단치는 교사들의 모습도 찾아 볼 수 없었기 때문이다. 필자는 이 모습이야 말로 일본 보육이 지향하는 유아기 '자발성'과 '자립'의 완성이라는 것을 직감할 수 있었다. 그리고 원장은 이 완성은 하루 아침에 이루어지는 것이 아님을 특별히 강조하였다.

"죽마를 만들게 하기 위해서는 아이들의 태도가 매일 매일의 일상을 통해 조금씩 조금씩 닦여져 있지 않으면 안 됩니다. 그러한 토대가 없었다면 아마도 넓은 공원에서 아이들 각자가 흩어져 개인 톱으로 대나무를 자르는 상황, 뛰어다니거나 장난치는 아이 하나 없이 모두 자기 작업에 충실히 집중하고 있는 모습은 나타나기 어려웠을 것입니다."

원장은 진지한 표정으로 말을 덧붙였다.

"그러나 중요한 것은 아이들이 죽마를 만들 수 있고, 죽마를 탈 수 있다가 아닙니다. 그것은 빙산의 일각입니다. 이것을 가능하게 하는 물 아래에 숨겨진 빙하를 봐 주십시오. 우리는 그 보이지 않는 부분에 자부심을 느끼고 있습니다."

'물 아래에 숨겨진 빙하' 란 매일의 소소한 일상 속에서 조금씩 그러나 꾸준히 아이를 지도하고 있는 교사들의 정성과 노력을 의미할 것이다. 원장은 자신이 어떤 아이로 기르고자 하는지 분명히 알고 있었고, 또 어떻게 아이로 길러야 하는지 그 원리를 이해하고 있는 것 같았다. 필자는 아이 기르는 일에 신념과 자신감을 가지고 있는 원장의 모습에서 진정한 보육전문가의 포스를 느낄 수 있었다.

오키나와현 M보육원 2013

내가 만든 걸레로
바닥을 닦아요

　40년 역사를 가진 아이치현 H유치원의 원장과 교사들은 아이들의 균형 잡힌 성장을 위해 놀이만큼, 일도 꼭 필요하다는 것을 강조하고 있었다. 아이들은 매일 '아침 일'이란 것을 한다. '아침 일'이란 우리나라의 유치원이나 어린이집의 아이들도 하고 있는 일상적인 소지품 정리를 말한다. 그런데 H유치원에서는 이러한 평범한 일상에 굳이 '아침 일'이라는 거창한 이름을 붙여 주고 있었다.

　사실 우리나라의 유아교육계에서는 터부시되는 용어가 있다면 바로 일 혹은 노동일 것이다. 어린 아이들에게 '일을 시킨다.'는 말은 비교육적으로 들린다. 유아교육학 이론에서 '일'은 때로는 놀이와 때로는 학습과 대조를 이루며 유아교육에서 배제되어 온 것이 사실이다. 그런데 일본의 보육 현장에서 '일(仕事)'은 아이들의 생활의 중심에서 매우 '교육적'으로 사용되고 있었다.

　원장은 아침 일을 중시하는 이유를 다음과 같이 설명하였다.

　"언제부터인가 알 수 있었어요. 원에서 잘 놀지 못하거나, 친구관계가 원만하지 않거나 무슨 문제가 있는 아이들은 모두 아침 일을 스스로 해내는 데 문제가 있는 아이들이란 것을요. 우리는 기본적인 신변 처리를 하는 생활 습관을 기르는 것이 다른 면의 발달의 기초가 된다고 생각하게 되었습니다."

오키나와현 M보육원 역시 아이들의 아침 일을 중요한 하루 일
과로 여기고 있다. 이곳의 아이들은 걸레로 홀을 닦는 것으로 하
루를 시작한다. 걸레질은 모두의 일이다. 매일 아침 아이들은 자
기 걸레를 빨아 꼬옥 짜서 홀 한쪽 끝에 모인다. 그리고 삼삼오오
모여 반대편으로 미끄러져 간다. 신나게 달려간다. 보는 사람도
재미있어 보이는데, 아이들도 당연히 그런가 보다. 달리기 시합을
하듯 한 번 닦고, 릴레이하며 한 번 닦고, 자기 나이만큼 왕복하는
것이 약속이라고 한다. 교사들도 예외는 아니다. 이 모습은 애니
메이션 〈이웃집 토토로〉에서 본 장면을 떠올리게 한다.

아이들이 사용하는 걸레는 각자가 만든다. 타올 천을 아이 손에 맞는 크기로 접어 테두리를 튼튼한 실로 박으면 두 겹으로 된 걸레가 완성된다. 아이들은 자기 걸레에 각자 좋아하는 모양의 수를 놓는다. 걸레는 매일 사용해야 하므로 2~3개월마다 새 걸레를 만들게 된다고 한다. 그 때마다 아이들의 바느질 솜씨가 늘고 수놓는 모양도 다양해진다고 한다.

모두가 밖으로 놀러 나간 아침 시간, 텅 빈 교실에 교사와 3~4명의 아이들이 앉아 걸레에 수를 놓고 있었다. 바른 자세로 조용하게 한 땀 한 땀에 집중하는 아이들의 모습은 우리나라 방문객들이 만드는 소란스러움에도 흔들림이 없었다.

M보육원 원장은 걸레 짜기와 바닥 닦기는 유아의 발달에 꼭 필요한 많은 부분을 자극한다고 힘주어 말하였다. 맨발로 걸레를 밀고 엎드린 자세로 닦는 것은 수많은 근육을 필요로 한다. 다리 근육은 물론 발가락 근육, 팔 근육 그리고 얼굴을 조금 들 때 턱 근육까지 자극된다는 것이다. 그리고 근육과 손발의 자극은 뇌의 자극으로 이어진다는 것이었다.

걸레를 빨고 짜는 손끝 힘이 약한 아이들, 걸레를 비틀어 짜는 것을 못하는 아이들이 점점 늘어난다는 한 일본 교사의 탄식을 들은 적이 있다. 사회가 점점 더 편리함을 추구하면서 아이들의 신체 발달을 자연스럽게 도와주던 환경이, 이제는 보육원에서 의식적으로 만들어 주지 않으면 안 된다는 것이었다. 이러한 이유로 지금도 일본의 보육원에서는 의식적으로 걸레질을 하게 하는 경우를 심심찮게 볼 수 있다. 그러나 매일하는 걸레질이 신체적 발달만을 위한 것은 물론 아니다. 여기에는 아이들 각자가 자신의 생활과 놀이

공간에 대한 최소한의 관리와 책임을 가르친다는 중요한 의미가
담겨 있다.

　이에 비하면 우리나라의 요즘 아이들은 자신의 삶을 위해 기본
적으로 해야 하는 최소한의 노동조차도 접하지 못한 채 성인이 된
다. 놀이나 학습만을 교육 내용으로서 강조하는 우리나라의 아이
들은 집에서도 유치원에서도 어느 교육기관에서도 '일'을 접할
기회를 잃어 가고 있다.

　후쿠오카현 K보육원에서는 걸레질이 끝나고, 대다수의 아이들
이 각자 놀고 싶은 곳으로 흩어졌다. 세 돌 정도의 아이들 2~3명만

남아 천천히 물통에서 걸레를 빨고, 고사리 손으로 꼬옥 쥐어짜서 건조대에 널고 있는 모습이 보였다. 누가 보고 있지도 않지만 진지하게 자기 일을 마무리하고 있었다. 필자는 이 작은 일을 통해 아이들 내면에 분명히 무언가가 자라나고 있음을 느낄 수 있었다.

후쿠오카현 K보육원 2010

🌿 오늘은 내가 당번이야

치바현 W보육원의 아이들은 원의 맏형인 일곱 살이 되면 아침이 바빠진다. 매일 돌아가며 거위 우리 청소 및 먹이 주기, 닭장 청소 및 먹이 주기, 바깥놀이터 정리, 배식하기 등 이른바 '당번의 일'을 해야 하기 때문이다. 한쪽 벽면에는 그룹별 당번 활동을 알려 주는 교대표가 걸려 있다. 일곱 살 아이들이 4~5명씩 소그룹으로 나뉘어 종류가 다른 일들을 번갈아 맡고 있는 것이다. 아이들은 매일 맡은 당번 일을 하고 나서야 놀 수 있다.

거위 우리를 청소하는 일은 협동과 분업을 필요로 한다. 우선 아이들은 함께 거위를 우리에서 꺼낸다. 그러고는 서로 맡은 일을 시작한다. 우리 안을 빗자루로 쓸어 거위 배설물을 꺼내는 아이, 우리 밖을 청소하는 아이, 먹이를 준비하는 아이, 거위의 물통을 다시 채워 주는 일은 모두 함께 힘을 모아야 한다. 혼자서 옮기기에는 너무 무겁기 때문이다. 20여 분이 흘렀을까, 말끔히 새 단장을 한 우리에 거위를 다시 넣어 준 아이들은 제각기 놀이터로 흩어진다. 아이들은 그렇게 본업인 놀이로 돌아간다.

치바현 W보육원 2010

오키나와현 N보육원 2010

  동경 소재의 H유치원의 일곱 살들에게 주어진 일은 귀가 전에 모래장에 덮개를 덮는 일이다. 이는 밤새 모래를 청결하게 유지하기 위해서다. 4~5명의 아이들은 가로 세로 2~3미터는 되어 보이는 꽤 무거운 시트를 가져와 모래장 한쪽에 두고, 양쪽 귀퉁이를 잡아서 조금씩 옆으로 움직이며 시트를 당겨 나간다. 아이들은 자기들끼리 "○○야, 들어!" "그쪽으로 당겨!"라고 하며 열심이다. 시트를 잡아 당기는 아이들의 손끝이 야무지다. 한 20여 분이 지났을까, 아이들은 모래장 전체에 덮개를 씌우는 일을 무사히 마쳤다. 이 일은 4~5명의 아이들이 서로 힘을 모으지 않으면 할 수 없는 일임에 분명하다. 일을 마친 아이들은 만족한 표정으로 손을 씻고 서둘러 다른 아이들이 모여 있는 교실로 들어갔다.

후쿠오카현 K보육원 2010

오키나와현 N보육원과 후쿠오카현 K보육원의 일곱 살 아이들은 텃밭 관리와 함께 하루를 시작한다. 마침 필자가 후쿠오카현 K보육원을 방문한 날 아침에는 텃밭 주변에 수북이 자란 잡초를 뽑는 날이었다. 오늘은 힘든 작업이라 그런지 선생님도 함께 참여하였다. 잡초를 베어 수레에 실어 멀리 공터까지 옮겨 버리는 것이 작업은 단순해 보이지만 사실은 조직적인 협동을 필요로 했다. 또한 잡초를 베어 수레에 담고 무거운 수레를 끌고 가는 것은 여러 명이 함께하지만 상당히 많은 체력을 필요로 하는 일이었다. 그러나 이 만만치 않은 작업을 어느 것 하나 건성으로 하는 아이는 없었다. 아이들의 표정은 진지하기만 했다.

사실 우리나라의 아이들도 유치원이나 어린이집의 일과에서도 당번 활동을 하고 있다. 일일 도우미라 하여 아침 모임에서 인사하는 역할을 하거나, 매일 교사를 도와주기, 점심시간에 배식을 도와주기도 한다. 하지만 필자는 우리나라에서 봐 왔던 당번 활동과 일본에서 필자가 관찰한 당번 활동은 왠지 다르다는 느낌을 지울 수 없었다.

필자는 우리나라와 달리 일본 보육 현장의 당번 활동은 모두 아이들이 가진 힘의 최대치를 당당히 요구하고 있다는 생각이 든다. 그래서 일본의 아이들은 당번 활동을 하며 땀을 흘릴 수밖에 없다. 거위의 물통을 가득 채우면 4~5명의 아이들이 함께 온 힘을 다해야만 옮길 수 있다. 모래 덮개를 당기는 일 역시 그러하다. 아이들은 땀을 뻘뻘 흘리며 온몸으로 일을 하고 있었다. 게다가 이런 활동은 하고 싶을 때만 하는 것이 아니라 매일 해야 하니 근면함이나 인내심이 필요한 것도 두 말하면 잔소리다. 매번 느끼는 것이지만, 일본 보육에서 유아기의 의지력(意志力)은 아이들이 사용하는 근력(筋力)을 얼마나 오래 지속하느냐에서 나온다고 믿는 것 같다.

필자는 누가 보고 있는 것도 아닌데 더러운 거위 배설물을 열심히 치우는 아이들의 모습이 대견해서 한 아이에게 물어보았다. "청소하기 싫지 않아?" 아이들의 대답은 의외였다. "내가 안 치워 주면 거위가 불쌍하잖아요."

아이들은 자기가 거위 우리를 매일 치워 주지 않으면 거위가 힘들고, 텃밭에 매일 물을 주지 않으면 작물들이 금방 죽어 버린다는 것을 알고 있었던 것이다. 그리고 그것이 아이들이 당번 활동을 열심히 하는 원동력이었다. 남을 위하는 마음이 아이들의 손끝에 힘이 들어가게 하고 놀 때와는 완전히 다른 진지함을 나오게 한다는 생각이 들었다.

일본 교사는 아이들이 당번 활동을 통해 타인에 대한 배려, 책임감, 하나의 일을 끝까지 해내는 집중력을 배운다고 하였다. 그래서 어른들이 하면 서너 배의 시간이 절약되겠지만 굳이 아이들에게 그 일을 맡긴다고 한다.

우리나라의 교육기관이나 가정에서 공부가 지나치게 강조되면서 아이들은 몸을 써서 하는 일을 접할 기회를 좀처럼 갖지 못하는 것 같다. 초등학교 1학년 교실과 사물함 정리를 위해 학부모가 교대로 학교를 방문하는 것이 오늘날 우리 사회의 현실이다. '공부'가 강조된 나머지 다른 사람과 공동체를 위한 일은 물론 나 자신을 위한 최소한의 '일' 조차 생략되고 있는 것이다. 그러나 프뢰벨은 일을 통해 아이들이 위하는 마음, 헌신하는 마음, 노력하는 마음을 배운다고 하였다. 우리나라의 유아교육에서도 일본과 같이 프뢰벨이 주는 교훈에 귀 기울여야 하지 않을까 생각해 본다.

身,

온몸으로 자연을 품고
자라는 아이들

2

일본 보육의 핵심에는 '몸'이 있다. 몸을 열심히 움직이는 것, 그래서 건강하게 스스로 살아갈 힘을 기르도록 하는 것. 이것이 우리가 발견한 일본 보육의 핵심 중 하나다. 따라서 이번 장에서는 아이들의 몸을 움직이게 하기 위해 일본 보육 현장에서는 무엇을 어떻게 하고 있는지 '身'이라는 단어로 소개하고자 한다.

오키나와현 N보육원 2013

身, 온몸으로 자연을 품고 자라는 아이들

 맨발로 뛰어다니는 아이들

일본 유아교육기관을 다니면서 가장 놀란 것 중 하나는, 날씨와 계절에 상관없이 웬만하면 아이들이 맨발로 다닌다는 거였다. 아이들은 보육원에 오자마자 자기 사물함에 가방 정리를 하면서 양말부터 벗는다. 그러고는 뭘 하고 놀까 잠시 생각하다가 거의 대부분 바깥놀이터로 뛰어나간다.

후쿠오카현 M유치원에서도, 오키나와현 N보육원에서도 바깥놀이터에서 노는 아이들의 모습을 보고 있으면 진짜 온몸으로 놀고 있구나 하는 생각이 절로 든다. 맨발을 거침없이 흙바닥에 놓는다. 발로 꼼지락 꼼지락 모래를 만지거나 진흙을 느끼기도 한다. 맨발로 놀다가 실내로 들어갈 때는 매트에 발 한번 싸악 문지르면 끝이다. 발바닥에 흙이 좀 많이 묻었다는 생각이 들 때는 교실로 들어가는 입구에 있는 수돗가에서 스스로 발을 씻는다. 그러고는 물기를 털어내기 위해선지 매트에서 콩콩 뛰고 교실로 들어간다. 적어도 아이들 놀이 세상에서는 안팎의 경계가 하나도 없어 보인다.

우리나라 유아교육에서는 실내놀이와 실외놀이가 너무나 확연히 구분되어 있다. 교육과정을 보면 실내자유선택활동, 바깥놀이활동으로 나누어 계획하게 되어 있다. 2012년부터 시행된 국가수준 유아교육과정인 누리과정에서 하루 1시간 이상 반드시 바깥놀이를 하라는 문구가 명시되면서 예전에 비해 아이들이 바깥에서 놀 수 있는 시간이 많이 늘었다. 그러나 나가기 위해 정리하고 준비하는 데 시간이 많이 걸리고 교실에서 실외로 나가는 동선도

오키나와현 N보육원 2013

길기 때문에 정작 바깥에서 노는 시간은 그리 많지 않은 게 현실이다. 우리나라 유아교육 현장에서는 바깥놀이나 산책을 나가기 전에 양말 신고, 신발 신고, 추울 때는 목도리에 장갑까지 챙겨서 나가는 게 매우 당연한 일이기 때문에 필자의 눈에 비친 맨발로 노는 아이들의 모습은, 마치 신발이 없어서 맨발로 다니던 가난한 시절의 과거 속에 와 있는 듯한 착각이 들게 했다.

맨발로 실내와 실외를 거침없이 넘나들며 노는 아이들을 보면 일본 보육에서 아이들의 놀이를 보는 방향이 우리와는 다르다는 생각을 하게 된다. 우리는 아이들이 이러이러한 놀이를 좋아하겠다고 생각하면서 놀이 주제, 놀이 내용, 놀이 도구를 잘 준비해 준

오키나와현 N보육원 2013

오키나와현 N보육원 2013

다. 그러나 적어도 필자들이 본 일본의 유치원과 보육원들은 아이들이 교실에서 놀다가도 바깥놀이터에 뭔가 필요한 것이 있으면 쉽게 나갈 수 있고, 놀이터에서 놀다가 필기도구라도 필요하면 얼른 교실로 가서 들고 나올 수 있도록 이미 교실과 놀이터의 경계를 허물어 놓았다. 이것이 자연스럽게 맨발로도 여기저기를 뛰어다닐 수 있게 했고, 결국 몸을 많이 움직이며 노는 아이들로 자라도록 돕고 있었다.

미야자키현 H보육원 2012

2011년 EBS 교육방송에서는 세계의 교육현장을 소개하는 프로그램에서 마라톤을 하는 유치원 아이들을 소개한 적이 있다. 매일 3km씩 유치원 운동장과 동네를 달리는 아이들은 일곱 살 졸업반이 되면 42.195km 마라톤 풀코스를 거의 7시간 만에 완주한다고 했다. 물론 매일 달리기를 하는 아이들은 맨발이었다. 인터뷰한 유치원 원장은 아이들은 맨발이 직접 땅에 닿으면 발바닥이 자극되고, 발바닥을 자극하는 것은 제2의 심장을 자극하는 것이기 때문에 혈액의 흐름을 좋게 하고 뇌세포가 늘어나서 머리를 좋게 한다고 했다.

앞으로 아이들이 배워야 할 학습량은 점차 늘어날 것이다. 그래서 부모들은 조금이라도 더 뭔가를 조기에 가르쳐 주려고 한다. 그러나 과한 것은 부족한 것만 못하다. 머리를 좋게 하려면 어릴 때 몸을 자극해 두어야 한다는 진리를 맨발로 노는 아이들에게서 본다. 유아기 교육은 머리에 바로 넣어 주는 방식이 아니라, 몸에 투자해야 할 시기임을 다시 한번 깨닫게 된다.

 발가벗고 햇볕과 바람을 즐긴다

　7, 8월에 일본 유아교육기관을 방문하면 거의 발가벗고 바깥놀이를 즐기는 아이들을 자주 볼 수 있다. 4, 5세 아이들은 완전 나체로 물놀이를 즐기고, 7세 아이들은 팬티만 입고 수영을 하고 있다. 그런데 그 팬티 모습 또한 가관이다. 캐릭터의 천국이라고 불리는 일본에서 찾기 힘들 법한, 어디서 구했을까 싶은 그냥 늘어난 흰색 팬티 일색이다.

　우리나라 유아교육기관에서 여름철 수영하는 아이들을 보면 거의 수영복 패션쇼를 방불케 한다. 요즘 남자아이들은 잠수복 같은 슈트를 입고 있고, 여자아이들은 일명 '쓰리피스'라는 비키니에 아우터도 입는다. 그리고 수모에 수경에, 각종 물놀이 도구를 챙겨 논다. 모두 교사 경험을 가지고 있는 필자들은 거의 나체로 놀고 있는 아이들을 보면서 처음에는 신기함으로, 그다음에는 부러움으로 보게 되었다. "이렇게 물놀이할 수 있으면 매일 수영해도 되겠어요. 사실 30명에 가까운 아이들 수영복 입고 벗는 거 도와주다 보면 다시는 수영 안 하고 싶거든요." 하며 부러워하는 필자에게 같이 간 원장님 중 한 분이 한 마디 툭 던진다. "근데 우리나라 엄마들이 이렇게 나체로 한다거나 팬티만 입고 수영한다고 하면 난리 날 걸요. 특히 여자애들 엄마는 더 할 거예요."

　똑같은 시대를 살아가고 있는 이웃 나라 일본 보육원의 수영장 모습과 우리나라 어린이집 수영장 모습이 이렇게 다른 이유는 무엇일까? 보육을 바라보는 관점의 문제라는 생각이 든다. 일본

유아교육 현장에서 만난 많은 원장님들은 공통적으로 아이들에게 최고의 교재는 '물'이고, '흙'이고, '바람'이고, '햇볕'이라고 말했다. 특히 더운 여름철에는 흙놀이보다 물놀이가 더 적격이라고 한다. 그러려면 쉽게

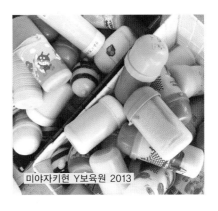

미야자키현 Y보육원 2013

물을 만나게 해 주어야 한다고 했다. 수영복 입고 하다 보면 시간도 많이 걸리고 교사의 손길이 필요하기 때문에 아이들도 교사들도 지친다고 했다. 일본 보육 현장에서는 선생님이 수영하러 나가자 하면, 아이들은 스스로 옷을 벗고 나가서 준비운동을 하고 수영장으로 뛰어든다. 어려울 게 하나도 없어 보였다.

　더운 여름철, 교실에서 시원한 에어컨 바람 속에 생활하는 게 아니라, 뜨거운 태양 아래 발가벗고 놀게 하는 이유는 피부를 튼튼하게 하기 위함이었다. 이들은 햇볕이 뜨겁다고 자꾸 피하다 보면 피부가 오히려 자생력을 잃어버린다고 믿고 있었다. 피부가 바람을 만나고 태양을 만나면서 면역력을 기르는 것이다. 그렇다고 뙤약볕 아래에서만 계속 놀게 하는 건 아니었다. 아이들은 놀다가 더우면 그늘막 밑에서 쉬었고, 물샤워를 하거나 물통에 들어갔다 나왔다 하면서 더위를 식히고 있었다. 그리고 아침에 각자 가지고 온 물수건통(집에서 얼려 온 물수건이 11시쯤이 되면 적당히 녹는다고 한다)에서 차가운 물수건을 꺼내 목 뒤에 얹어 놓거나 머리에 덮고 놀기도 했다. 정말 모든 것이 아이들이 잘 놀 수 있도록 배려되어 있었다. 한여름

태양도 아이들의 놀이 욕구 앞에서는 두려울 게 없어 보였다.

아이가 잘 놀도록 하기 위해서는 어떤 환경적 배려를 해야 하는지 신경 쓰는 모습이 일본 유아교육 현장 곳곳에서 보인다. 이러한 보육의 포인트와 사회적 분위기가 유치원과 보육원에 있는 동안 아이가 어떤 옷을 입어야 잘 놀 수 있는지 교사도 부모도 자연스럽게 알게 해 준 거 같다는 생각이 들었다. 그런 점에서 일본 아이들의 머리 스타일도 눈여겨볼 만하다. 여러 해 일본 유아교육기관을 방문하면서 이상하게 여기게 된 점 중 하나는, 아이들의 머리 스타일이다. 우리나라의 여자아이들은 거의 예쁜 머리핀이나 방울을 하고 있는데, 일본의 여자아이들은 거의 짧은 단발머리다. 미야자키현에 위치한 Y보육원에서 본 아이들은 한 명도 예외 없이 모두 짧은 단발머리라서 오히려 이상할 정도였다. 그래서 그 이유를 원장에게 물어보았다.

"우리는 부모들에게 아이들 머리 스타일을 어떻게 하고 옷을 뭘 입혀 보내야 하는지 철저하게 교육하는 편이에요. 자기 몸이 편해야 아이들은 잘 놀 수 있으니까요. 불편한 옷을 입거나 너무 비싸고 예쁜 옷을 입고 오면 아이들도 신경 쓰여서 잘 못 놀아요. 아이들 머리 스타일도 중요해요. 앞머리가 너무 길거나 뒷머리가 길면 놀이에 방해가 되지요. 그래서 앞머리를 짧게 자르고 뒷머리도 가급적 어깨를 넘지 말게 깎아서 보내라고 합니다. 좀 예쁘게 해서 보내고 싶은 엄마들은 처음에는 당황해하기도 하지만 나중에는 오히려 편하다고 좋아해요. 예쁜 옷 입히고 머리를 치장하는 건 주말에 해도 되니까요. 무엇보다 아이들 두피는 아직 약한데, 머리 방울로 매일 꽉 묶다 보면 아이들 두피에 안 좋습니다. 몸에도 안 좋고 놀이에도 안 좋은 거라면 우리가 부모들에게 알려 줘야지요."

아이들의 건강과 놀이를 함께 생각하는 모습에서 유아교육 전문가는 이런 거구나 하는 생각이 들었다. 이야기 나누기 수업을 잘하고 노래를 많이 아는 게 유아교사가 알아야 할 전부는 아니었다. 교사는 아이들의 삶을 부모와 함께 고민하고, 부모는 교사의 말을 듣고 교육에 대한 삶의 방식까지 바꿀 수 있는 것이야말로 진정한 교육의 참모습이었다. 갑자기 우리나라 아이들의 의생활을 다시 들여다보게 된다. 우리나라 유치원과 어린이집에서는 스타킹을 신거나 멜빵바지를 입은 아이들을 자주 만날 수 있다. 얼핏 보면 예쁘지만, 이내 하루 종일 저 옷을 입고 생활하자면 얼마나 불편할까 하는 생각이 든다. 그러나 유아교육기관에서 아이들이 입는 옷에 대해 지적하는 유치원과 어린이집은 많지 않다.

사회에 만연해 있는 '어덜트 키즈(adult kids)' 문화. 다시 말해서 어른을 흉내 내는 아이들이 늘고 있다. 아이가 어른의 축소판이 아니라고 배웠지만, 아이들의 복장은 어덜트 키즈 문화의 대표적 사례다. 어덜트 키즈들은 어른 흉내를 너무 빨리 내면서 성조숙증 문제까지 야기하고 있다. 아이는 아이다워야 한다고 말하면서, 아이가 겉모습만 어른처럼 되어 가는 것에 대해 모른 척하고 있지는 않은지 우리나라 유아교육은 반성해 보아야 한다. 크기만 커진 아이들이 아니라 속이 꽉 찬 아이들이 되도록 유아교육에서는 무엇을 강조하고 무엇을 다시 살펴야 할 것인지 생각해 볼 때다.

내 몸 만져 보세요. 단단하지요?

    일본 유아교육기관을 방문하면 종종 방문객을 위해 아이들의 활동을 보여 줄 때가 있다. 대강당에 아이들을 모으고 "한국에서 너희들을 보려고 손님들이 오셨으니 평소 우리가 하던 것을 보여 주자."며 시작한다. 쉬운 동작에서 어려운 동작으로 이어지는 체조부터 줄넘기, 팽이치기, 뜀틀 넘기, 때로는 장대 오르기 솜씨까지 보여 준다. 아이들은 거의 곡예단 수준의 체조 솜씨를 선보인다. 평소 매일 하지 않았으면 결코 나올 수 없는 동작들이다.

오키나와현 N보육원 2013

공연을 마친 아이들에게 대단하다며 다가갔더니, 한 아이가 수줍게 이야기한다. "내 몸 만져보세요. 단단하지요?" 정말 단단하다. 건강하고 단단해 보이는 피부에 근육량도 상당해 보인다. 아이의 표정에는 자신감이 가득 차 있다. 스스로도 대견한가 보다.

일본 보육 현장에서 이런 식의 체조를 리듬운동이라고 한다. 일본 보육 현장에 큰 영향을 준 사이토 키미코(齊藤公子) 선생님의 '사쿠라 사쿠란보 보육'의 구체적인 방법 중 하나다. 영유아기에 아이들은 스스로 몸을 움직이며 팔다리의 힘을 길러야 하며, 리듬운동을 통해 천천히 그리고 충분히 몸을 움직일 수 있도록 해 주는 것이었다. 매일 아침 아이들은 다 같이 모여 리듬운동을 통해 몸을 일깨우고 있었다. 리듬운동은 영아반 아이들의 동작부터 유아반 아이들의 동작까지 점차 난이도 수준을 높여 가며 체계적으로 구성되어 있다. 유아반 아이들이 가장 어려운 동작을 할 때는 영아반 아이들은 지켜보고 있다. 보는 것만으로도 앞으로 자기도 크면 저렇게 할 수 있겠지 하는 걸 배울 수 있는 좋은 시간이라고 했다.

리듬운동 중 특이한 점 하나는, 아이들이 리듬운동을 할 때 교사가 피아노 반주로 느리게 빠르게 리듬을 맞춰 준다는 점이다. 요즘 우리나라 유아교육 현장은 거의 피아노 반주가 사라지고, 컴퓨터나 CD 플레이어를 통해서 노래를 들려주고 있기 때문에 그 이유를 물어보지 않을 수 없었다. 첫 번째 이유는, 유아기에는 기계음을 듣게 해서는 안 되기 때문이고, 두 번째 이유는 아이들 리듬운동의 빠르기나 내용이 그때 그때마다 달라질 수 있기 때문에 아이들이 하는 걸 보면서 리듬을 맞춰 주려면 피아노로 해야 한다고 했다. 우

리도 알고 있는 사실이다. 알면서도 피아노를 치면서는 아이들과 수업하기 힘들기 때문에 점점 컴퓨터, CD 플레이어를 사용하고 있는 우리 현실을 생각할 때, 아이들을 위해 무엇이 먼저여야 하나 반성하게 된다. 아이들의 몸의 힘을 기르고, 아이들이 스스로 드러내는 신체 리듬에 주목할 줄 아는 것이야말로 진정한 아동중심 유아교육이고, 놀이중심 유아교육일 것이다.

아이들의 몸을 건강하게 해 주는 일본 보육의 특징 중 하나에 산책이 있다. 일본 유아교육기관은 대다수 좋은 바깥놀이 시설을 가지고 있기 때문에 바깥놀이만으로도 충분히 즐겁게 노는 아이들의 모습을 볼 수 있었다. 그럼에도 아이들은 자주 유치원과 보육원 대문을 나서 지역사회로 산책을 다니고 있었다. 더 넓은 자연을 만날 수 있기 때문이다.

교토에 있는 M보육원은 그 대표적인 예다. 꽤 넓은 놀이터를 가지고 있었지만 형님반 아이들은 매일 지역사회로 산책을 다닌다. 마을에서 논을 빌려 직접 벼농사를 짓기 때문에 당연히 자주 들러서 봐야 된단다. 마을 어르신들을 만날 수 있는 것도 산책이 주는 좋은 점 중 하나라고 했다. 마을 어르신들을 만나면, 아이들은 "안녕하세요?" 하고 인사를 한다. 어르신이 "많이 컸구나, 오늘은 어디 가니?" 하고 물어보기라도 할 때면 아이들은 아주 신나게 "산책 가요." 하고 대답한다.

겨울도 예외는 아니었다. 겨울에 나가노현에서 만난 아이들도, 삿포로에서 만난 아이들도 추운 날씨에 아랑곳없이 산책을 다니

교토 M보육원 2005

고 있었다. 복장이 조금 달라졌을 뿐이다. 단단히 차려입고 추운
날씨와 맞서 노는 아이들에게서 건강한 생명력을 느낄 수 있었다.
추워서 못 나가는 게 아니라, 오히려 추운 날씨 덕에 아이들
은 더욱 다양한 놀이를 즐기고 있었다.
비닐장판을 깔고 언덕을 내려오거나
눈으로 이글루를 만들거나 눈싸움을
하면서 깔깔 웃는 아이들에게서
'건강' 과 '행복' 이라는 단어를
떠올리게 된다.
　어른이 되어 살다 보면 세상
살기 힘든 날이 있다. 그럴 때

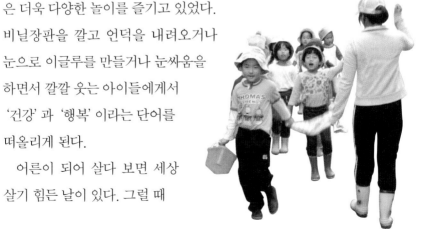

홋카이도 K보육원 2010

그리움으로 떠오르는 고향이 있고, 그 속에서 신나게 놀았던 기억
이 있다면, 다시 살아갈 힘이 될 것이다. 마을의 사계를 눈으로,
다리로 직접 경험하고 자란 어린 시절이 있는 아이들은 어른이 되
었을 때 조금은 더 세상 살아갈 힘을 얻을 수 있을 거라는 확신이
있다.

갑자기 하루 종일 유치원과 어린이집 건물 속에서 유아기를 보
낸 우리나라 아이들을 생각하니 가슴 한 구석이 아파 온다. 산책을
다니며 행복해하는 일본 아이들을 마냥 부러워만 하고 있을 수는
없다. 유아기는 배워야 할 무언가가 있는 시기가 아니라, 바람을
느끼고 햇볕을 받으며 건강한 몸과 마음으로 앞으로 살아갈 힘을
스스로 기르는 시기다. 유아교육과정은 그 힘을 기를 수 있도록

도와줄 수 있어야 한다. 이제 더 이상 안전에 대한 걱정으로 아이
들이 자연과 만날 수 있는 시간을 빼앗아서는 안 된다. 이를 위해
부모도 교사도 함께 지혜를 모아야 할 때다.

 일곱 살이니까 할 수 있어요

　일본 보육 현장에서 가장 중요한 것은 아이들의 자발적 놀이다. 유아교육기관에 있는 동안 아이들이 해야 할 일은 잘 노는 거다. 아이들이 잘 놀 수 있는 환경을 마련해 주는 것, 그것이 교사와 기관이 해야 할 일이다. 그래서 일과도 느슨하게 계획하고 아이들을 덜 모은다. 적어도 필자들이 본 일본 보육의 핵심은, 아이들이 자발적 놀이에 푹 빠질 수 있도록 시간을 넉넉하게 주고 공간을 편안하게 마련해 주는 거였다.

　그래서 그런지 일본의 국가수준 보육과정도 간단하다. 일본 정부가 제시하는 0~7세 유아를 대상으로 하는 『유치원교육요령』과 『보육소보육지침』은 모두 합하여 100여 페이지 정도로 간략한 책자로 구성되어 있다. 『유치원교육요령』은 건강, 인간관계, 환경, 언어, 표현의 5개 영역으로, 『보육소보육지침』은 이 5개 영역에 생명 유지와 정서 안정을 더해 7개 영역으로 구분되는데, 각 영역의 내용 항목은 10여 개에 불과하다. 일본 사회가 유치원이나 보육원의 전 과정을 통해 아이들에게 기르고자 하는 것은 그만큼 간단명료해 보인다. 1세부터 5세까지 연령별로 달성해야 할 교육 내용을 세세하게 구분하여 제시하고 있는 우리의 교육과정과는 대조적이다.

『유치원교육요령』
『보육소보육지침』 (2008)

훗카이도 K보육원 2010

　큰 틀만 제시하고 있는 일본 보육과정을 보면서, 그래서 자유롭게 놀 수 있겠구나 생각했다. 그러나 여러 해 동안 일본 유아교육 기관을 다니면서 자세히 들여다보니 그냥 자유롭게만 보이던 아이들 놀이와 생활에 연령에 따른 리듬이 있고, 그 속에 공통적으로 흐르는 '일'도 있음을 알게 되었다.

　일본 유치원과 어린이집에서 아이들은 6세까지는 그냥 놀아도 된다. 5, 6세 아이들이 걸레질을 하기도 하지만, 일이라기보다는 그저 놀이로 보인다. 그렇게 놀면서 아이들은 자기가 좀 더 잘할 수 있는 것들을 찾아가고 스스로 해야 할 일을 배워 가는 거 같다. 그래서 졸업반인 일곱 살 형님반이 되면, 그동안 놀면서 배운 걸 스스로 정교화시켜 가면서 유아기를 자신감으로 마무리한다.

　일곱 살 아이 몸에 할 수 있는 걸 스스로 찾은 결과는, 일곱 살 반 아이들의 조금은 특별한 자기만의 놀이가방을 보면 알 수 있다. 스스로 바느질하고 염색해서 만든 천 가방에 줄넘기, 팽이,

공 같은 것들이 들어 있다. 천 가방에 든 것들은 대부분 자신의 손
으로 직접 만든 거다. 직접 땋은 천 줄넘기, 나무칼로 다듬은 흔적
이 보이는 나무 팽이, 뜨개질한 생활소품 등. 모두 우리나라에서
는 찾아보기 힘든, 아이들의 손때가 가득 묻은 놀이도구들이다.
자기 실력이나 키에 따라 저마다의 도구가 다르고, 스스로 그 도
구와 맞춰 가며 연습하다 보면 그 도구의 최선의 포인트를 찾게
된다고 했다. 실제로 미야자키현 Y보육원에서 본 일곱
살 남자아이는 줄넘기를 하다가 갑자기 자리에 앉
더니 줄넘기 줄을 조금 더 땋아 자신의 자란 키에
맞추기도 했다. "선생님, 안 돼요." "선생님, 이
거 해 주세요."

오키나와현 G보육원 2013

조금만 뭐가 잘 안 되면 선생님을 찾는 아이들을 봐 온 필자로서는 어른의 도움 없이 스스로 문제를 해결하는 아이를 보니 정말 잘 키웠구나 하는 생각이 들었다.

일곱 살 아이들이 즐기는 놀이에는 팽이치기도 있다. 그렇다고 모든 일곱 살 아이들이 팽이치기를 잘하는 건 아니다. 정말 잘하는 아이부터 거의 못하는 아이까지 일곱 살 내에서도 수준이 다양하다. 그러나 중요한 것은 일곱 살쯤 되면 할 수 있으니 한번 해 보자는 거다. 아이들은 개인별 수준에 따라 혼자 긴 호흡을 가지고 자기 몸 전체에 팽이치기를 적응시킨다. 이때 교사는 오랜 경험으로 알고 있다. 팽이 돌리기의 발달과정이 '그냥 돌리기'에서 '깡통에 넣기' '돌고 있는 팽이 옮기기' 그리고 '손바닥 위에 올리기'로 이어짐을 말이다. 그래서 아이들이 팽이치기 단계를 개별적으로 성공할 때마다 그다음 단계를 제시함으로써 아이의 팽이치기 의욕을 다음 단계로 옮겨 주고 있었다.

아이들 역시 팽이치기 단계를 알고 있는 듯하다. 선생님이 말로 가르쳐 줘서가 아니다. 그동안 매일 유치원에서 만나는 또래, 형, 동생들의 모습들을 지켜보는 가운데 자연스럽게 터득한 것으로 보였다. 아이들은 세월이 스스로 터득하게 해 준 '어깨너머 학습법'을 통해 스스로 팽이치기에 대한 단계를 이해하고, 다음 단계에 대한 기대와 확신을 가지고 한 단계씩 자신을 연마하고 있었다. 다음 단계에 대한 기대는 자신에 대한 믿음으로 자리 잡으면서 더욱 힘을 내게 하는 동기가 되어 주었다. 필자가 본 다음 사례는 이를 잘 보여 주는 좋은 예다.

오전 자유놀이 시간, 교실 한편에서 여자아이 혼자 팽이치기 연습을 하는 중이다.

유리 (팽이에 줄을 감아서 던지지만 팽이는 조금 돌다가 멈춰 버린다. 혼잣말로)

　　　실패! 실패는 성공의 어머니!

　　　(다시 줄을 감아서 던지자 이번에는 팽이가 잘 돌아간다. 기뻐하며) 성공!

미나 (유리 옆을 지나다가) 우와~ 잘하게 되었네. 노력 많이 했구나.

유리는 자기 반에서 유일하게 팽이를 돌리지 못한 아이였다고 한다. 한 달여 동안 반복하여 팽이 돌리기 연습을 하였고, 3일 전부터 겨우 팽이를 돌릴 수 있게 되었단다. 유리는 실패에도 개의치 않고 재시도하며 팽이 돌리기를 즐겼고, 이제 거의 실패를 하지 않고 팽이를 돌릴 수 있게 되었다. 필자가 참관하는 며칠 동안 유리는 다음 단계인 '깡통에 넣기' 연습을 시작하였다. 우리나라 유아교육기관에서 교사는 하루 3~4개의 활동을 제안한다. 그러다보니 아이도 교사도 바쁘다. 한 활동에 푹 젖어서 스스로 몸에 그 활동을 적응시키기보다 한번 체험해 보는 식이다. 생활중심 유아교육을 말하고 있지만, 일회적 체험교육 밖에 되지 못하고 있다. 일곱 살의 긴 시간 동안 팽이치기, 줄넘기를 매일 꾸준히 할 수 있도록 시간을 주고 있는 일본 유아교육에서 진정한 생활교육이 무엇인지 다시 생각해 보게 된다.

사가현 C보육원 2007

후쿠오카현 K보육원 2010

후쿠오카현 S유치원 2007

일곱 살 아이들의 요리활동도 생활교육 그 자체였다. 우리나라 유치원과 어린이집의 요리활동은 선생님의 주도로 전체 아이들을 모아 두고 그날의 요리활동을 재미난 도입으로 제시한다. 그다음 요리 순서를 그림이나 표로 알려 주고, 주의할 점(예를 들어, 불조심, 칼 조심 등)에 대해 이야기 나눈다. 곧이어 몇 명이 대표로 나와서 요리활동을 해 보거나 모둠으로 나눠서 해 본 다음 정리하고 다시 모여 요리활동을 평가하는 것으로 끝이 난다.

기타큐슈에 있는 S유치원에서 본 아이들의 요리활동은 우리와 달랐다. 바닥에 신문지를 펴고 식자재를 늘어놓고 흥미 있는 몇몇의 아이들만 참여하여 그야 말로 같이 요리를 했다. 선생님이 당근을 썰면, 아이들은 감자를 썰었다. 가끔 아이들은 선생님이 하는 걸 보거나 이렇게 하면 되는지 묻기도 했지만 모두 각자의 역할을 묵묵히 했다. 교실에서 식자재를 다듬다가 모자라면 식당에 가서 더 받아오는 것도, 교실 밖 수돗가에 가서 식자재를 씻어

오는 것도 아이들 몫이었다. 평소에도 많이 해 본 솜씨였다. 아이들이 요리를 잘한다고 했더니 5, 6세 때부터 봐 왔기 때문에 일곱 살쯤 되면 이렇게 잘할 수 있다고 선생님이 답해 주었다. 그랬다. 어릴 때 엄마가 요리하는 동안 우리가 했던 일이다. 엄마가 하는 걸 처음에는 보다가, 나중에는 한두 번 해 보고, 그러다가 스스로 할 수 있게 된 거다. 도입도, 주의집중도, 레시피 목록도 없지만 우리 머리에, 손에, 입맛에 각인되어 그 요리법과 맛을 기억할 수 있다. 이것이 유아교육기관에서 아이들과 함께할 수 있는, 진정한 생활 속 요리활동 방법이라는 생각이 들었다.

교토에 있는 T보육원의 7세 아이들은 자기가 먹을 식단을 짜기도 했다. 일명 '리퀘스트 메뉴(Request Menu).' 졸업 직전 한 달 간의 식단은 졸업반 아이들이 보육원에서 다시 먹고 싶은 급식과 간식 메뉴를 직접 짠다고 했다. 아이들이 스스로 자신이 좋아하고 먹고 싶은 것을 고를 수 있게 되기를 바라기 때문이다. 식단명과 식재료를 알아야 가능하기 때문에 아이들은 음식명에 관심을 가지게 된다고 한다. 또한 고기나 생선 등 좋아하는 것만 고르지 않도록 하기 위해 제철음식을 사용한 음식 그림 카드를 보여 주는 배려도 아끼지 않았다.

　살아가는 데 먹고 사는 것만큼 중요한 일이 있을까? 그러나 이른 나이에 집단생활을 시작하는 오늘날 아이들은 늘 주는 대로 먹는 게 생활화되어 있다. 그러다보니 스스로 먹을 것을 선택해야 할 때 우왕좌왕하는 건 당연한 일이다. T보육원에서는 어릴 때 스스로 먹을 메뉴를 짜 보는 경험을 해 보는 걸 매우 중요하게 생각한다. 그래서 졸업하기 한 달 전에는 보육원에서의 지난 날 먹거리를 떠올려 보고 스스로 제철에 맞춰 먹고 싶을 것을 골라 보게 하는 것이다. 이러한 T보육원의 보육철학에서 아이의 영유아기뿐 아니라 평생을 내다보는 깊은 사랑을 볼 수 있었다.

食,
전통의 참맛을
익히는 아이들

일본 보육원에서 이루어지는 아이들의 식생활은 단지 아이들이 무엇을 먹고 건강하게 성장하느냐의 문제로 끝나지 않는다. 아이들은 食을 통해서 일본의 전통 미각을 깨달아 가고, 스스로 식생활을 준비할 수 있으며 그리고 食을 통해 지역사회 사람들과 소통할 수 있게 된다.

후쿠오카현 T보육원 2011

🥄🥢 우리가 먹을 된장은 우리가 만든다

　후쿠오카현에 있는 T보육원의 점심시간. 오전 내내 리듬운동도 하고, 걸레질까지 열심히 한 아이들은 이미 배가 고프다. 교사가 점심시간임을 알리자 아이들은 그릇과 반찬이 든 접시를 차곡차곡 주방에서 테이블로 나르기 시작한다.

　오늘의 반찬은 일본 전통식. T보육원에서는 당근, 무, 피망 같은 채소를 삶아서 만드는 반찬들이 대부분이고 고기와 생선으로 만든 반찬은 비교적 적은 편이다. 미소된장국도 간이 싱거운 편이다. 우리나라에서의 맵고 짠 음식에 길들여진 필자로서는 좀 심심한 맛이지만, 먹다 보니 먹을수록 감칠맛이 돌면서 채소 본연의 맛을 충분히 살리는 조리법으로 만들어졌음을 느낄 수 있었다.

　"아이들은 그냥 놔두면 기름진 음식이나 고기도 많이 먹게 되고, 미소된장국도 진한 맛으로 먹게 되기 쉬워요. 이러면 상대적으로 심심한 맛의 채소나 일본 전통 반찬은 자연히 안 먹으려고 하고, 결국은 멀리하게 되어 버리죠. 그래서 미각을 형성하는 시기인 0~3세까지의 아이들이 무엇을 먹고 있었는지는 앞으로 무엇을 맛있다고 느끼는지를 결정하게 되죠. 무엇이든 먹을 수 있는 아이로 키우는 것이 가장 중요하거든요."

　T보육원 원장의 말이다. 보육원 아이들에게 충분히 맛있고 제대로 된 일본 전통 미소를 먹여서 미소된장의 참맛을 알게 하고,

그 아이가 자라서도 참맛을 지닌 미소된장을 구별할 수 있도록 하는 것이 원장의 의도다. 아이들이 어릴 때 정말 맛있는 미소된장을 매일 먹고 그 맛에 길들여진다면 어른이 되어서도 인스턴트 미소된장이 맛있는 미소된장이 아니라는 것을 알 수 있다. 그리고 맛있는 미소된장을 먹기 위해서 아이들은 좋은 미소된장을 선별하고, 그것을 직접 만들어 먹을 가능성이 커진다는 것을 원장은 기대하고 있는 것 같았다.

매일 보육원에서 맛있는 미소된장을 먹고 있는 아이들은 집에 돌아가서도 보육원의 미소된장이 얼마나 맛있었는지를 엄마와 아빠에게 전하고 있다. 그리고 이 소문이 집집마다 전해져 어느새 T보육원의 미소된장 맛은 그 동네에서는 아주 맛있는 것으로 소문이 자자하다고 한다. 이러한 소문 덕택에 T보육원의 원장과 선생님들은 보육원에 다니는 아이들은 물론이고, 아이의 가족들과 동네 지역주민들에게까지 맛있는 미소된장 만들기를 실천할 수 있는 기회를 만들어 주려고 노력해 왔다.

그중 한 가지는 일본 전통 미소를 아이들의 손으로 직접 만들어 보게 해 주는 것이다. 한 달에 한 번, 점심을 먹고 난 만 5세반 아이들은 각자 머릿수건과 앞치마를 두르느라고 바삐 움직이고 있다. 보육실 문을 열고 들어오는 선생님은 "다들 준비됐어?"라고 말하면서 아이들의 준비를 도와준다. 준비를 끝낸 아이들은 선생님과 함께 1층 다목적실로 향한다. 다목적실에 들어서자, 조리사 선생님이 아이들을 반갑게 맞아준다. "어서 와, 애들아! 다들 준비 됐니?" 다목적실에는 큰 대야가 6개 정도 놓여 있고, 각 통 안에는 콩과 효소 자루가 준비되어 있다. 머릿수건을 하고 앞치마를 두른 아이들은 5~6명씩 동그란 대야를 둘러싸고 앉는다.

정면에 보이는 화이트보드에는 조리사 선생님이 그림으로 표현한 레시피가 보인다. 조리사 선생님의 간단한 주의사항과 설명을 들은 아이들은 조그마한 손으로 준비된 콩을 먼저 큰 대야에 붓고 잘게 부수기 시작한다. 그런 다음 효소를 넣고 버무린다. 약간은 상기된 아이들 얼굴은 조금은 긴장한 듯, 눈빛은 아주 진지하다. 옆에서 보고 있던 선생님이 "좀 더 잘게 부숴야 할 것 같아."라고 말하자, 아이들의 손길이 더욱 분주해진다.

미소된장 만들기를 하는 과정 내내 아이들은 콩의 감촉을 느끼면서 저마다 한 마디씩 한다. "질퍽질퍽하다, 그지?" "응, 이 정도로 부수면 되는 걸까?" "더 부숴야 하나?" 이렇게 이야기하는 와중에 누가 먼저랄 것도 없이 냄새도 맡아 보고, 혀로 살짝 손에 묻은 메주를 핥아 먹어 본다. "콩 냄새 좋다." "우와~ 맛있다!!" "나도 먹어봐야지." "정말, 맛있다." 조리사 선생님과 담임선생님은 그런 아이들을 보면서 미소 짓고 있다. 아이들은 콩과 효모를 손으로 만지고 부수고, 나중에는 발로 밟아 가면서 온몸으로 직접 미소된장 만드는 과정을 체험한다. 코로는 재료의 냄새와 미소된장 특유의 발효 냄새를 맡고, 만드는 도중에는 손에 묻은 미소된장을 먹어 보면서 맛의 변화를 느낀다. 아이들은 몸 전체의 감각을 통해서 미소된장을 익히고 그 깊은 참맛을 알아 가게 되는 것이다.

이런 아이들의 미소된장 만들기가 진행 중인 다목적실 뒤편에서는 두 명의 젊은 어머니들도 아이들과 똑같은 재료와 도구를 가지고 미소된장 만들기가 한창이다. 이들은 동네에서 맛있다고 소문난 보육원의 미소된장을 만들고 싶어서 일부러 온 것이다. 필자가

후쿠오카현 T보육원 2011

食, 전통의 참맛을 익히는 아이들

어머니들의 모습을 보고 의아해하자, "매달 2~3분씩 미소된장을 만들고 싶다는 어머니들이 보육원으로 문의를 하시거든요. 그러면 재료비를 받고, 아이들이 만들 때 같이 만들어서 집에 가져갈 수 있도록 자리를 마련해 드려요."라고 원장이 설명해 주었다. 가족들에게 직접 만든 미소된장을 맛보여 주기 위해서 오신 어머니들의 눈빛에서도 진지함이 묻어난다.

T보육원에서 한 달 동안 사용되는 미소된장의 양은 80~100kg 정도다. 계절에 따라 조금은 차이가 있기는 하지만, 연간 700~800kg에 달하는 양을 아이들이 모두 만들고 있다. 매달 만 5세반 아이들이 주축이 되어 진행하고 1년 동안 12번 미소된장을 만들게 된다. 학기 초인 4~5월에는 조리사 선생님이나 담임선생님의 도움을 필요로 하는 아이들이지만, 시간이 지날수록 매달 반복되는 미소된장 만들기 과정은 아이들이 스스로 만들어 나갈 수 있는 힘을 갖도록 도와준다.

미소된장 만들기가 매달 반복되면서 점점 조리사 선생님과 담임선생님의 도움이 없어도 재료와 도구만 준비되어 있다면 척척 미소된장을 만들어 내는 아이들. 그 모습 속에서 일본의 고유한 식문화를 몸소 익히고, 그 고유한 맛을 알아 가는 아이들의 진지함이 베어 나온다.

만 5세반 아이들이 졸업을 앞둔 3월. 보육원에서는 5세 아이들의 마지막 12번째 미소된장 만들기 활동이 시작되었다. 이 날은 만 5세반 아이들만이 아니라 한 달 후면 만 5세반으로 진급할 만 4세반 아이들도 함께 참여하기로 되어 있다. 만 5세반 아이들은 능숙한 손놀림으로 미소된장을 만들기 시작하고, 어떻게 만드는지를 동생들에게 말로 설명하기도 하고, 직접 손으로 보여 주기도 하면서, 동생들과 함께 미소된장 만들기 활동이 진행된다. 동생들은 형과 누나들이 가르쳐 주는 대로 미소된장을 만들기 시작한다. 보육원에서 급식을 먹을 때 선생님이 "이건 5세반 형 누나들이 만든 미소된장으로 만든 거야. 맛있지?"라는 이야기를 들으면서 우리도 형, 누나가 되면 미소된장 만들기를 할 수 있다는 기대감을 가지고 있던 만 4세반 아이들. 직접 형, 누나가 만드는 모습을 보면서 미소된장 만들기를 하는 것으로 자신들도 이제 보육원의 가장 큰 형, 누나가 된다는 것을 확인하는 듯하다.

T보육원에서의 일본 전통 식생활을 위한 노력은 아이들과 함께 하는 요리활동으로 끝나지 않는다. 아이들에게 일본의 전통 미각을 갖게 하기 위해서는 보육원과 가정만이 아니라 지역사회 전체가 함께 해야 한다는 생각으로 1년에 한 번 미소된장 만들기 행사를 진행해 오고 있다. T보육원의 미소된장 만들기 행사는 이제는 보육원 내의 행사라기보다는 지역사회의 축제로 자리 잡아 가고 있다. 매년 참가자가 늘고 있고 T보육원 주위의 지역사회 주민들 중에서는 매년 꾸준히 참가하는 사람들도 늘어가고 있다고 한다.

행사가 시작된 건 1995년부터다. 처음에는 학부모 몇 명과 보육교사가 보육원에 모여서 콩을 삶는 과정부터 함께 했다고 한다. 하지만 이러한 만들기 과정은 아무리해도 최대 10명 정도의 학부모들밖에 참여할 수 없어서 더 많은 학부모들을 위해서 재료 준비 과정을 인근의 미소 공장에 부탁하고, 공장에서 삶은 콩과 효모를 준비하기로 하면서 이 행사는 본격적으로 지역사회 주민들을 위한 것으로 자리 잡게 되었다. 행사 1주일 전까지 참가를 희망하는 가족들은 참가 신청서와 함께 몇 세트(1세트 8kg)의 미소를 만들 것 인지를 정해서 그만큼의 재료비를 미리 지불한다. 보육원에서는 참가자 수에 맞춰서 재료와 기구를 준비해 놓는다.

　행사 당일, 미소된장 만들기는 오전과 오후로 나누어서 진행된 다. 오전에는 만들어 본 경험이 있는 가족들이 참가하는 시간으로, 각자 사전에 주문한 재료들과 준비된 도구를 이용해서 자신들이 먹을 미소된장을 직접 만들기 시작한다. 이미 여러 해 참가한 가족 들 350명 정도가 참가하여 보육교사의 지도 없이도 무리 없이 미 소된장 만들기를 하고 집으로 돌아간다.

후쿠오카현 T보육원 2011

　오후에는 처음 참가해 보는 가족들의 시간이다. 콩과 효모를 공급하는 공장 직원들과 보육교사의 지도를 따라 미소된장 만들기를 다 같이 시작한다. 참가한 사람들은 서로 도와가면서 각 가정에서 먹을 1년 치의 미소된장을 담근다.

　2010년에 실시했던 미소된장 만들기 행사의 경우, T보육원의 집계에 따르면 총 323세대, 600명 이상이 참가하였고, 참가자들이 만든 미소된장의 총량은 3640kg에 이르렀다. 정말 어마어마한 양이다. 참가자들 중에는 T보육원의 현재 학부모 가족들, 졸업한 학부모 가족들 그리고 참가해 본 가족들과 친분이 있어 참가하게 된 가족들 그리고 미소된장 만들기 행사를 취재하러 왔다가 참가하게 된 지역 방송사 및 신문사 관계자들 등, T보육원에서 특별한 홍보활동을 펼치지 않아도 다양한 사람들이 입소문을 통해서 참가하러 온다고 한다. 20년 넘게 매년 7월 셋째 주 토요일을 미소된장 만들기 날로 정하고 계속해서 꾸준히 개최해 온 보육원 교직원들의 노력이 지역사회에 전해진 결과로 보인다.

조리사 선생님도 우리 선생님

  아이들의 미소된장 만들기를 위해 다목적실에서 재료들을 직접 준비하고, 미소된장 만들기 활동 내내 아이들과 함께하는 조리사 선생님의 모습은 필자에게는 조금 생소한 모습이었다. 필자가 재직해 있던 유치원에서 조리사 선생님은 아이들이 먹는 급식과 간식을 만드는 역할에만 국한되어 있었고, 직접 유치원 아이들과 함께 활동을 할 기회는 전혀 가지지 못한 채, 교사를 통해서 그날 아이들이 맛있게 먹었는지, 어떤 반찬이 인기 있었는지를 전해 듣기만 할 뿐이었다. 그러나 일본 T보육원에서는 조리사 선생님이 참으로 다양한 역할을 하고 있었다.

  우선 조리사 선생님은 매달 아이들이 미소된장 만들기를 할 수 있도록 모든 과정을 직접 지도하고 도와준다. 매년 새 학기가 시작하는 4~5월에는 아직 미소된장 만들기에 서투른 아이들을 위해서 조리사 선생님은 재료 세팅과 만드는 방법을 직접 설명하고, 아이들이 미소된장을 만드는 과정 내내 세세한 배려를 아끼지 않는다. 아이들이 만들기를 끝낸 미소된장을 장독에 넣고 적절히 발효할 수 있도록 관리하는 것도 조리사 선생님의 몫이다.

  일본의 보육원에서는 조리사 선생님도 교직원회의에 참가한다. 아이들에 관한 정보를 공유하기 위해서다. 점심시간에는 아이들이 먹고 있는 모습을 지켜보면서 아이들에게 먹거리를 어떻게 제공하면 좋을지에 대해서 보육교사와 함께 고민한다.

  T보육원에서는 아이들의 식생활을 중요하게 생각해서 아이들

에게 현미 밥상을 급식으로 제공하고 있다. 조리사 선생님은 현미 밥을 중심으로 한 일본의 전통 식단을 무농약 유기 농산물을 재료로 써서 급식을 제공하는 것은 물론, 아이들이 맛있게 먹을 수 있는 다양한 레시피 개발도 하고 있다.

T보육원의 경우에는 아이들에게 제공하는 현미 밥상을 보육원뿐만이 아니라 많은 가정에서 함께하기를 바라고 있고, 그 바람을 이루기 위해서 레시피 북을 두 권 출간하였다. 지역 신문사의 권유로 T보육원에서는 정기적으로 지역 신문에 아이들의 식생활과 레시피와 관련한 칼럼을 게재하고 있던 터라, 그 칼럼의 자료들을 모아서 2006년과 2007년에 『살아가는 힌트는 식생활에 있다』라는 책 시리즈 중의 하나로 발간했다고 한다.

레시피 북 안에는 다양한 현미밥을 만들기 위한 레시피와 함께 콩, 깨, 미역, 채소, 생선, 버섯, 삼을 이용한 반찬을 만드는 방법이 소개되어 있다. 물론 레시피 곳곳에는 미소된장을 이용한 방법들도

나와 있다. 이 레시피대로 만든 음식은 모두 T보육원에서 실제 급식에 나가고 있으며, 조리사 선생님을 중심으로 다른 여러 사람들이 함께 개발한 것들이다.

"1968년에 개원한 저희 T보육원은 음식 알레르기를 지닌 자녀 때문에 고민하는 부모님들을 비롯하여, 지역사회와 함께 그 해결책과 식생활 교육의 방향을 계속 찾아오고 있습니다. 보육원 급식에서는 무농약, 저농약의 유기 재배로 자란 현미, 제철 채소를 식재료로 사용하며, 조미료가 첨가되지 않고 자연 양조의 방법으로 엄선되어 만들어진 양념만을 사용한 일본 전통의 식사를 실천하고 있습니다. 각각의 유아에게 맞는 식사를 제공하기 위해서 부모님들과 상의하고 있습니다. 그리고 현미 전통식을 계속 먹으면서 유아의 알레르기 증상들이 조금씩 경감되고 있다는 것을 경험해 왔습니다. 이 경험을 바탕으로 보육에 종사하는 사람으로서, 알레르기를 가진 유아들을 보육원에 받아들이면서 다시 한번 식사의 중요성을 느끼고 있습니다. 식생활의 변화로 '식(食)'과 '생명'이 얼마나 밀접한 관계가 있는지를 깨달아 왔습니다."

이 글은 T보육원 원장이 직접 쓴 레시피 북의 서문이다. T보육원의 교직원들은 올바른 식생활이 아이들을 어떻게 변화시켜 왔는지를 수년간의 경험을 통해서 체득하고 확신을 가지게 되었고, 이 확신을 기반으로 해서 이 레시피 북은 탄생하게 되었다.

조리사 선생님의 역할은 보육원 안에서의 아이들의 식생활에만

후쿠오카현 T보육원 2011

한정되는 것이 아니라 학부모는 물론 지역사회 주민들을 대상으로
한 영역에까지 확장되어 있다. T보육원에서는 한 달에 한 번, 보육
원에 다니고 있는 학부모 및 그 외의 지역사회 주민들을 대상으로
1일 요리강좌 신청을 받고 있다. 보육원에서 개발한 레시피를 보육
원만이 아니라 아이들의 가정에서도 이루어졌으면 하는 바람으로
기획된 요리강좌다. 사전에 예약 신청을 하고 재료비만 내면 누구
나 참가 가능하지만, 원활한 진행을 위해서 인원 제한은 있다.

요리강좌는 T보육원의 강당에서 이루어진다. 조리사 선생님은
강당에 식재료와 기구들을 모두 세팅해 놓고 직접 요리 시범을 하
며 2~3가지 반찬들을 만드는 방법을 알려 준다. 조리 방법만이
아니라 각 식재료의 특징, 아이들에게 이 식품이 왜 필요한지에
대한 상세한 설명도 덧붙인다. 요리강좌에 참석한 어머니들은 수

후쿠오카현 T보육원 2011

첩을 들고 와서 열심히 필기하면서 조리사 선생님의 손놀림을 따라 레시피를 익혀 간다.

요리강좌에 참석한 어머니들은 주로 유아기의 자녀를 둔 사람들이 상대적으로 많기 때문에 보육교사 2~3명은 강당 한 구석에 매트를 깔아 놓고, 어머니들이 데리고 온 아이들을 맡아 준다. 덕분에 어머니들은 조리사 선생님의 손놀림과 설명에 집중할 수 있고, 그때 그때 질문을 하면서 열성적으로 참여할 수 있다. 우리 아이에게 좋은 것을 먹이고는 싶지만 그 방법을 몰라서 고민하던 젊은 어머니들에게는 안성맞춤인 요리강좌다.

요리 레시피 소개 및 요리강좌가 끝나고 나면 참가자들은 다 같이 테이블을 세팅하고, 조리사 선생님이 참가자들을 위해서 미리 만들어서 준비해 둔 요리를 각 테이블로 옮긴다. 그러고는 모두

후쿠오카현 T보육원 2011

후쿠오카현 T보육원 2011

다 같이 맛있게 먹는다. 네 개의 테이블에 나누어서 앉은 어머니들은 서로 아는 사이가 아닌 사람들이 많아서 처음에는 조금은 서먹한 분위기 속에서 자기소개를 하기도 하지만 맛있는 음식을 같이 먹으면서 금방 화기애애한 분위기로 바뀐다.

참가한 어머니들은 테이블에 놓인 음식들의 맛을 음미하면서 조리법에 대해서 이야기를 나누기 시작하다가 자신의 아이가 어떤 아이인지, 요즘 육아를 하면서 느끼는 고민들이 무엇인지에 대해서도 이야기를 나누면서 서로의 육아경험에 공감하기도 한다. 이런 자리는 젊은 어머니들이 그 안에서 서로를 알아 가는 기회가 되고 이러한 기회는 나아가 친목을 도모하는 계기가 될 수도 있을 것 같다.

후쿠오카현 T보육원 2011

레시피를 개발하고 요리강좌를 진행하는 조리사 선생님의 역할은 함께하는 보육교사들과 원장의 지원으로 빛을 발하고 있다.

요리강좌에서는 레시피를 공개하는 것과 함께 보육원에서 쓰는 재료들도 공개한다. 보육원 입구에서 교사실을 지나 각각의 보육실로 갈 수 있는 복도에는 간장을 비롯한 각종 양념들과 주요 재료들이 전시되어 있다. 어머니들은 아이들을 데려다 주고 데리러 오면서 보육원에서 아이들이 어떠한 음식을 먹었는지 한 눈에 볼 수 있으며, 보육원에서 사용하는 각종 식재료들을 어떤 걸 쓰는지를 모두 알 수 있도록 되어 있었다. 유아기의 아이들이 무엇을 먹는가에 대해서 가정과 보육기관에서 얼마나 세세하게 배려하는지를 느낄 수 있었다.

 그릇까지 신경 쓴다

일본 보육원 아이들의 점심시간을 바라보면서, 아이들이 사용하고 있는 밥그릇과 국그릇, 반찬 그릇에도 시선이 멈춘다. 우리나라에서 사용하는 것들과는 다르기 때문이다. 일본 보육원에서는 점심식사를 위해서 아이들에게도 밥그릇과 국그릇, 반찬 그릇을 따로 제공하고 있다. 큰 나무 밥통과 큰 반찬 그릇 그리고 큰 냄비에 담긴 음식들이 교실에 도착하면 아이들이 큰 나무 밥통에서 작은 밥그릇으로 밥을 퍼 담고, 큰 반찬 그릇에서 작은 반찬 그릇으로 반찬을 덜어 놓는다. 꽤 능숙한 손놀림으로 식사 준비는 착착 진행된다.

홋카이도 K보육원 2010

우리나라 유치원이나 어린이집에서는 대부분의 아이가 철제 식판을 사용해서 식사를 한다. 아이들이 나르기 편하고 깨질 염려 없고, 교사나 직원들이 씻기 편하다는 이유로 식판을 사용한다. 그런데 일본 유아교육기관에서 본 식기는 사기나 목기가 대부분이었다. 밥그릇, 국그릇은 당연히 아이마다 하나씩이고 반찬 그릇은 큰 접시 하나를 쓰는 곳도 있고, 3~4개의 작은 그릇을 반찬마다 따로 사용하기도 했다. 홋카이도 H보육원에서는 아이들을 모둠별로 앉히고 중앙에서 국을 끓일 수 있게 하여 아이들이 따뜻한 국물을 먹도록 배려하기까지 했다.

사기나 목기에 밥을 먹고 있는 아이들의 모습을 보니 마치 가정집에서 식사를 하는 것 같아 보였다. 철제 식판을 사용할 때 날 수밖에 없는 달그락거리는 쇳소리도 들리지 않았다. 그저 밥 먹는 소리와 아이들 목소리, 교사의 목소리가 잔잔하게 깔리고 그 속에서 경쾌한 사기그릇 부딪히는 소리가 가끔, 아주 가끔 있을 뿐이다.

우리나라 유치원과 어린이집에서 사기 대신 철제 식판을 쓰는 이유는, 아이들이 점심을 배급받아 가려면 들기 편해야 하고 혹시 넘어져도 그릇이 깨지지 않아야 하기 때문이다. 교실이나 식당에서 반 아이들 모두가 자신의 식판을 가지고 줄을 서서 배급을 받으면서 움직이다 보니, 아무리 조심을 해도 가끔 부딪혀서 식판을 엎지르는 경우도 있다. 일본 아이들은 어떨까? 우리나라 유아교육 현장에서처럼 모든 아이가 밥그릇과 반찬 그릇을 가지고 동시에 움직이다 보면, 더 많이 엎지르고 그릇도 훨씬 많이 깨뜨릴 것이다. 그러나 일본 보육원에서는 4~5명의 당번이 정해져 있어, 이 아이들만 신속히 식사 준비를 위해서 움직이고, 다른 아이들은 자리에 앉아서 채근하지 않고 기다려 주기 때문에, 밥그릇과 반찬 그릇을 사용함에도 불구하고 엎지르는 아이들은 거의 보이지 않는다.

밥그릇과 국그릇을 사용하는 일본의 아이들은 그릇에 입을 대고 마지막 음식물까지 싹싹 긁어 먹을 수 있었다. 철제 식판을 사용할 경우, 식판을 들어 올리지 않고 숟가락이나 젓가락만 사용하여 밥과 국을 남김없이 먹는 것은 유아에게는 매우 힘든 일이다.

교토 M보육원 2005

그러다보니 우리나라 유아교육기관에서는 아이들이 남은 밥과 국, 반찬을 긁어 먹기 위해 식판을 들어 올려 입을 대고 먹으려고 시도하는 경우가 종종 있다. 우리나라 유아교사라면 누구나 한번 쯤은 식판을 들고 남아 있던 음식을 먹으려다가 머리와 옷에 음식물을 떨어뜨리고 난감해하는 아이를 본 적이 있을 것이다.

우리나라 유아교육에서 점심시간은 나온 음식을 '바르게 앉아 남김 없이 깨끗하게 먹는' 것에 가장 많은 관심을 두고 있는 것 같다. 배식의 방법이나 바르게 먹는 법 등에 대한 강조는 많이 있어 왔지만 상대적으로 그릇이나 유아기 식문화 같은 것은 논의의 대상에서 제외되어 온 것 같다는 생각을 해 본다. 일본 유아교육 현장은 어떻게 아이들의 그릇에까지 신경을 쓰고 있는 걸까? '식'이 그들 보육의 핵심 중 하나이기 때문인 것 같다. 일본 보육에는 '식육(食育)'이라는 말이 있다. 먹는 걸 통해 교육을 할 수 있다는 뜻이다. 물론 일본의 식문화 자체가 숟가락을 사용하지 않고 밥과 국을 마지막에 먹을 때는 그릇에 입을 대고 젓가락으로 남은 음식을 싹싹 밀어서 입속으로 넣어야 한다. 그런 문화 속에서라면 당연히 유아교육기관에서도 오목한 그릇을 써 왔을 수도 있다는 생각도 해 보았다. 그들 역시 철제 식판의 편리함을 모르지는 않을 것이다. 그럼에도 각각의 그릇을 사용한다는 것은, 편리나 안전보다는 아이들의 유아기 식문화에 대한 고려나 '식'을 통한 교육에 대한 가치가 더욱 우선하기 때문일 것이다.

'식'에 대한 강조는 일본 유아교육기관에서 주방이 차지하는 비중만 봐도 알 수 있다. 교토에서 본 M보육원에서도, 후쿠오카에서 본 K보육원에서도 주방은 입구에 있었다. 들어가자마자 신발

을 정리하면 바로 주방을 만날 수 있다. 전면 유리로 된 개방적 구조를 가지고 있기 때문에 부모는 아이를 데려다주면서 언제나 주방을 볼 수 있다.

아이를 유아교육기관에 맡기는 부모들의 가장 큰 걱정 중 하나는 먹을거리에 대한 것이다. 주방이 입구에 있다는 건, '오늘은 우리 아이가 무엇을 먹을까?' '아이들이 먹는 음식은 깨끗하게 조리될까?' '식자재는 뭘 쓰지?' 하는 급식과 관련된 걱정을 하지 않아도 된다는 상징과도 같았다. 그리고 필자가 방문했던 거의 모든 원에서는 점심식사 시간에 나왔던 밥, 국, 반찬 1인분씩을 보육원 현관 입구에 매일 전시해 놓는다. 이는 아이를 데리러 오는 부모들이 볼 수 있도록 하는 배려가 아닐까 한다. 부모들은 언제나 현관을 오가며 아이들이 오늘은 어떤 걸 먹었는지를 금방 알 수 있다. 굳이 식

교토 M보육원 2005

후쿠오카현 K보육원 2010

단표를 찾아보거나, 아이들에게 묻지 않아도 되는 것이다.

후쿠오카현의 또 다른 K보육원에서는 주방을 보육원의 한가운데에 위치하도록 하였다. 그 이유에 대해서 원장은 다음과 같이 말했다.

"옛날에 지은 보육원 건물에서는 대부분 주방을 가장 안쪽 구석에 위치하게 하는 경우가 많았어요. 하지만 '식'을 보육에서 많이 강조하기 시작하면서 점점 주방의 위치가 중앙으로 바뀌고 있어요. 주방이 중앙에 있으면, 아이들이 지나다니면서 '오늘 메뉴는 뭘까?황' 하면서 먹을거리에 자연스럽게 관심을 갖도록 할 수 있고요. 주방에서 새어 나오는 맛있는 음식 냄새로 아이들의 식욕을 자극시킬 수 있기 때문이지요. '식'과 관련한 활동을 보육활동에서 하기도 좋습니다."

그릇까지 신경 쓰는 모습에서, 주방의 위치가 건물 구석에서 입구로, 중앙으로 바뀌고 있는 모습에서 '식사'에 대한 그들의 철학을 확인하게 된다.

식사 준비는 우리가 해요

　일본 보육원의 점심시간. 하얀색 요리사 모자와 앞치마를 두른 4명의 당번 아이들이 담임선생님과 함께 반 아이들에게 나누어 줄 밥과 반찬 준비를 하고 있다. 담임선생님과 한 아이가 밥그릇에 밥을 퍼 담으면, 그 옆에 앉아 있는 당번 아이가 밥 위에 낫또를 얹고, 또 다른 당번 아이가 낫또 위에 잘게 썰어진 시금치나물을 얹어서 테이블 위에 올려 둔다. 나머지 당번 아이는 테이블 위에 놓인 완성된 밥그릇을 다른 아이들에게 가져다준다. 테이블에 앉아 있는 아이들은 자신의 자리에 손수건을 깔고 기다리면서, 당번 아이가 가져다준 밥을 받아서 놓는다.

후쿠오카현 T보육원 2011

보육원마다 방법은 조금씩 다르지만, 조리실에서 밥과 반찬을 가져오는 것도 대부분은 아이들이 직접 하는 경우가 많다. 보육실 안에서는 대개 그날의 식사 당번 아이들이 다른 아이들에게 밥과 반찬을 가져다준다. 뜨거운 국이나 밥은 담임선생님의 도움을 필요로 하는 것이지만, 나머지 반찬을 나누고 그릇을 옮기고 뒷정리까지 하는 것은 대부분 아이들의 몫이다.

T보육원에서는 식사를 위한 준비 과정은 물론이고 식사 후의 정리 과정에 이르기까지 모두 아이들의 손으로 이루어진다. 만 5세반에는 매일 식사 준비를 하기 위해서 당번 네 명이 정해져 있고, 이 당번 아이들은 밥과 반찬을 나누어 주고, 식사 지도를 하고 뒷정리까지 하는 것으로 역할이 정해져 있다.

매주 토요일. T보육원에서는 아이들이 직접 음식을 만든다. 토요일 보육을 하는 아이들은 평일에 비하면 극히 적은 수이기 때문에 T보육원에서는 토요일에는 혼합 연령으로 보육을 하고 있고, 교사들과 아이들이 함께 점심식사를 만든다.

필자가 방문한 토요일 오전, 보육원에 들어서자 넓은 운동장과 1층 보육실에는 자유롭게 놀고 있는 아이들의 모습이 눈에 들어온다. 아이들은 각자의 호기심에 따라 여기저기서 삼삼오오 놀고 있다. 조리실에서 선생님이 식재료와 식기를 들고 나오자 아이들이 우루루 몰려온다. 그중에서 나이가 비교적 많아 보이는 아이들이 솔선수범해서 교사를 도와서 채소를 씻고 다듬기 시작한다. 조금 어린 아이들은 주위에 둘러앉거나 졸졸 따라다니면서 언니, 누나들이 하는 것을 호기심 어린 눈으로 지켜보고 있다. 그러면서 심부름을 하기도 하고, 채소 이름이 무엇인지를 물어보기도 하면서 언니, 누나들을 돕는다.

운동장에서는 두 명의 남자 교사들이 가마솥에 불을 피우기 위한 준비 작업에 한창이다. 그곳에도 한 무리의 아이들이 옹기종기 모여 앉아 있다. 선생님과 함께 땔감을 나르고 불 피우는 과정을 지켜보면서 불 지피는 방법에 대해서 질문을 하는 아이들도 있다. 아이들은 비록 직접 불을 피워 보지는 못해도 그 과정을 지켜보는 것이 재미있는 듯하다.

후쿠오카현 T보육원 2011

후쿠오카현 T보육원 2011

"언제부터라고 정확히 말할 수는 없어요. 토요일에 아이들과 지내면서 언제부턴가 아이들과 교사들이 함께 점심밥을 만들기 시작했거든요. 그게 오랫동안 쭈욱 이어져 오면서 지금은 격주로 가마솥 밥 짓기와 김밥 만들기로 메뉴가 정해져서 요리활동이 이루어지고 있어요. 하지만 처음 시작은 자연스럽게 시작되었어요."

자연스러운 시작이라는 말은 아이들의 요리하는 모습에서 확인할 수 있었다. 아이들이 그 날의 점심식사를 준비하는 것을 지켜보고 있던 필자의 눈에는 교사에 의해서 미리 계획된 요리활동이라기보다는 아이들이 일상생활 속에서 늘 해 오던 것을 하는 자연스러움과 익숙함을 느낄 수 있었다. 필자가 담임교사로 유치원에 재직해 있었을 때, 아이들과 요리활동을 곧잘 하곤 하였다. 요리활동을 할 때는 먼저, 순서표에 맞춰서 하나하나 예를 보여 주면서 정해진 레시피를 설명한다. 그런 다음 준비된 재료와 기구들을 소개한 후, 아이들의 수에 맞춰 나눠 주고 모든 아이가 다 경험할 수 있도록 지도해야 한다.

하지만 필자의 눈앞에 펼쳐지고 있는 요리활동은 전혀 다른 형태의 것이었다. 아이들은 재료 준비도 모두 알아서 가져오고, 가끔씩 교사가 빼먹은 것까지 챙겨 주는 모습마저 보였다. "이건 뭐에요?" "이건 왜 이렇게 해요?"라고 물어보는 어린 아이들의 질문에는 교사가 대답하기보다는 나이 많은 언니가 "응~ 이렇게 해야 맛있거든." 하며 대답해 준다. 이와 같은 풍경은 어릴 적 집에서 어머니를 도와서 형제들이 옹기종기 앉아서 요리를 하는 풍경을 연상하게 한다.

이제 가마솥에 준비한 재료들을 모두 넣을 시간. 가마솥 주위에 둘러앉은 아이들을 보며 교사가 잘게 썰어져 있는 재료를 하나하나 보여 주고 이름을 말하고, 가마솥으로 하나씩 넣는다. 아이들의 눈은 교사의 손길을 따라 움직인다. 교사는 재료를 모두 넣은 후, 가마솥 뚜껑을 닫는다. 아이들은 가마솥을 지켜보면서 밥이 되기를 기다린다.

잠시 후, 고소한 냄새가 운동장에 흘러 퍼지고 있다. 멀리서 냄새를 맡은 아이들은 다시 가마솥 쪽으로 모여 든다. 교사가 가마솥 뚜껑을 열자 모락모락 김이 가득 올라오고, 아이들은 완성된 가마솥 밥을 보고 탄성을 지른다. "우와~ 맛있겠다." 교사가 주걱으로 밥을 조금씩 떠서 아이들의 손에 나누어 준다. 아이들은 한 입 먹고는 흡족한 미소를 보인다. 아마도 아이들이 자기 손으로 직접 만들었기 때문에 그 맛은 더 꿀맛인 거 같다.

후쿠오카현 T보육원 2011

천천히 맛을 즐기면서 먹어요

"흘리지 말고 먹어." 우리나라의 유치원 점심시간에 선생님한테서 쉽게 들을 수 있는 말이다. 이 말을 들은 아이들은 흘리지 않고 먹으려 애쓰다가 그래도 흘리면 얼른 자리에서 일어나 휴지를 가져와서 흘린 곳을 닦는다. 아이들은 밥을 먹다가 흘리기를 반복하고, 흘린 것을 다시 닦는다고 자리에서 일어나 앉기를 반복한다. 5세가 된 아이가 서툰 숟가락질과 젓가락질로 여기저기 밥알을 날리면서 밥을 먹는 모습을 보고 있자니 문득 '과연 유아기의 아이들이 흘리지 않고 밥을 먹는 것은 쉬운 일일까?' 라는 의문이 든다.

후쿠오카현 K보육원에서는 선생님이 "흘리지 말고 먹어."라고 말하지 않는다. 아이들이 먹을 때 흘리는 것은 당연한 일이고, 흘리게 되면 스스로 치우면 될 뿐이다.

"교사는 아이들에게 흘리지 말고 먹으라는 말은 안 해요. 아이들이 흘리지 않고 먹는 것에 신경을 쓰기보다는 눈앞에 있는 음식을 보고 '참 맛있겠다. 먹고 싶다.'는 생각을 하고 먹는 기쁨을 충분히 느낄 수 있도록 배려하고 있어요."

원감의 말이다. 그러한 교사의 배려 덕분에 K보육원의 점심시간 아이들의 표정은 참 밝다. 그리고 "우와, 코레 오이시이~!(정말 맛있다~!)"라는 아이들의 목소리가 여기저기서 들린다. 물론 이 아이들 중에서도 몇 명은 먹기 싫은 음식을 보고 조금 힘들어하기

오키나와현 Y보육원 2013

도 하지만, 대부분의 아이들은 "오카와리~!(한 그릇 더 주세요)"라
고 말하면서 교사에게 다가온다. 아이들은 즐거운 점심시간을 만
끽하는 듯하다.

　오키나와현 Y보육원의 영아반 점심시간 역시 즐겁다. 아이들은
친구들과 둘러앉아 삶은 호박과 당근, 곤약을 먹고 있다. 먹을 때
마다 손으로는 음식물의 감촉을 직접 느끼고, 그것을 입에 가져가
며 맛을 음미하고 있는 것 같다. 아이들의 손과 얼굴은 온통 음식
물로 범벅이 되어 있지만 표정만큼은 진지하다. 이 아이들도 자기
나름의 방법으로 점심시간을 즐기고 있는 것 같다.

　아이들의 즐거운 점심시간을 위한 배려는 영아기 아이들이 이
유식을 시작하는 시기부터 시작된다. 이유식 초기에는 당연히 교
사가 아기들에게 숟가락으로 떠 먹여 주지만, 손으로 물건을 집어
서 입으로 가져갈 수 있는 시기인 생후 8개월 정도부터는 아기일
지라도 스스로 먹게 한다. 이를 위해서 아기들이 채소를 잘 집어

먹을 수 있도록 접시를 편평하고 깨지지 않는 소재로 된 것을 준다. 그리고 채소도 아기들이 쉽게 집을 수 있도록 조금 큼지막하고 길쭉하게 잘라서 준다. 아이들이 먹는 탁자와 의자 아래에는 음식물을 떨어뜨려도 치우기 쉽도록 비닐을 깔아 둔 것에서 아이들의 자율성을 존중해 주는 교사의 배려가 엿보인다.

오키나와현 Y보육원 2013

育,
맨발로 같이
뛰노는 선생님

일본의 유아 교육(教育) 혹은 보육(保育)의 또 다른 특징은 그들이 교(教)가 아닌 육(育), 즉 가르침보다 '기름'에 집중하고 있다는 점이다. 아이들의 살아가는 힘은 '가르쳐서야' 하는 것이 아니라 '길러야' 하는 것이라고 믿기 때문일 것이다. 일본의 교사들은 가르치기나 지도하기 외의 다양한 방법으로 아이들을 '길러 가고' 있었다. 그들은 아이를 앞에서 이끌어주기보다는 함께하고, 뒤에서 지켜봐 준다. 선생님이 아이를 뒤에서 지켜봐 주는 것은 아이들이 스스로 자신의 놀이와 생활을 만들어 갈 수 있는 원동력으로 작용한다. 그것이 바로 '기름(育)'의 방법이다.

후쿠오카현 K보육원 2010

育, 맨발로 같이 뛰노는 선생님

흙놀이도, 리듬운동도 같이 하는 선생님

후쿠오카현 소재의 K보육원의 바깥놀이터. 한구석에 자리한 흙
놀이터에서는 3~4명의 아이들이 흙구덩이를 열심히 파고 있다.
이미 옷은 흙투성이로 되어 있고, 흙 놀이터에 내딛은 발도, 삽을
든 손도 흙으로 범벅이 되어 있다. 또 얼굴과 목에도 여기저기 흙
이 묻어 있고, 심지어 머리에도 흙이 묻어 있는 아이들. 그 옆에는
소꿉놀이 도구를 꺼내서 흙을 넣고 다져서 모양을 만들어 내고 있
는 아이들도 보인다. 흙 놀이터 옆 수돗가에서 물을 퍼 와서 끊임
없이 부어 넣는 아이들과 터널과 산을 만들고 있는 아이들은 마치
큰 공사를 하고 있는 것처럼 분주하다.

우리나라 유아교육기관의 아이들이 하는 흙놀이와는 차원이 달
랐다. 일본의 흙놀이는 마른 흙만 가지고 놀기도 하지만 거기에 물
을 부어 가며 노는 경우도 많기 때문에 여기저기 보이는 아이들은
모두 진흙투성이가 되어 있다. 보육원 앞마당도 흙탕물이 한가득이
다. 아마도 처음 본 사람들은 이렇게 보육원 앞마당이 엉망이 되어
도 괜찮은 것일까 걱정될 정도로 엄청난 규모의 흙놀이다. 이런 흙
놀이가 여기서는 매일 이루어진다니 놀라울 따름이다.

이 아이들과 함께 놀고 있는 유아교사 모습이 눈에 띈다. 교사
도 아이들과 별반 다르지 않은 모습이다. 짧은 단발머리 혹은 질
끈 묶은 머리에 면 티셔츠와 트레이닝 바지를 입고 맨발로 아이들
과 함께 흙을 밟고 다니며, 아이들이 흙 놀이터에 물을 옮겨 나르
는 걸 도와주기도 하고, 흙을 모아 주기 위해서 삽질을 하는 경우

후쿠오카현 K보육원 2010

도 있다. 가끔은 아이들과 물장난도 치면서 즐거운 모습이다. 여기 보육원의 교사들은 어른과 아이의 경계가 없이 아이들의 놀이 세계에 같이 푹 빠져들어 있는 것이 느껴질 정도로 아이들과의 바깥놀이에 적극적인 모습이다.

후쿠오카현 소재의 또 다른 K보육원 앞마당 한쪽에는 텃밭이 자리 잡고 있다. 따스한 햇볕을 받아 무성히 자라있는 잎사귀들. 그 밭들 고랑 사이를 맨발로 조심조심 지나다니며, 물을 주는 아이들의 손길이 바삐 움직인다. 그리고 그 옆에서는 교사가 물을 주어야 할 곳을 손으로 가리켜 가며 아이들에게 이야기를 하고 있다. 그 교사의 옷차림도 아이들과 별반 다르지 않다. 햇볕을 피하기 위해 눌러쓴 모자 그리고 면 티셔츠와 무릎까지 걷어 올린 트레이닝 바지, 그리고 그 아래 밭고랑 사이를 걸어 다니느라 흙투성이가 되어 있는 맨발. 아이들도 교사도 모두 맨발이기 때문에 신발을 신고 바깥놀이터에 서 있는 필자가 이상하게 느껴질 정도다.

우리나라 유치원에서는 교사들에게 깔끔한 옷차림과 세련된 이미지를 요구하고 있는 것 같다. 원장이나 학부모들 사이에서도 "교사가 자기 관리를 좀 잘했으면 좋겠다." "교사다운 품위를 유지했으면 좋겠다."라는 의견이 나오고 있고, 드라마나 영화에 나오는 유아 교사의 이미지도 하얀 블라우스에 롱스커트를 입고 긴 생머리를 한, 깨끗하고 차분한 이미지의 교사가 그려지고 있다. 물론 드라마에 나오는 교사 모습이 현실과는 다르겠지만, 우리나라 사람들이 일반적으로 생각하는 교사의 모습일 것이라고 추측된다. 교사들의 이런 차림새는 아이들과 실내에서 조용한 활동을 하기에는 괜찮을 것 같지만, 바깥활동을 하기에는 적합하다고 말하기 힘들 것이다. 과연 이런 옷차림으로 아이들의 에너지가 넘치는 활동을 따라갈 수 있을까?

일본 보육 현장에서는 세련된 이미지의 교사는 찾아보기 어렵다. 대개 짧은 머리에 트레이닝복 차림을 하고 있는 교사, 그 트레이닝복도 깨끗하기보다는 여기저기 흙이 묻어 있어 방금 전까지 아이들과 밖에서 뒹굴고 왔다는 것을 한눈에 알아차릴 수 있을 정도다. 이런 일본 교사의 모습에서 필자는 아이들과 언제 어디서나 잘 뛰어놀 수 있는 교사의 이미지가 강하게 다가왔다.

후쿠오카현 S보육원 2010

오키나와현 M보육원 2013

후쿠오카현 K보육원 2010

후쿠오카현의 T보육원에서 매주 있는 리듬운동 시간. 앞서 소개하였듯이 일본 보육 현장에서 아이들의 리듬운동은 중요한 활동 중의 하나다. 리듬운동은 한 반을 단위로 하기도 하고, 각 연령별로 두세 반이 모여서 같이 하기도 한다. 여기서 보이는 교사의 모습도 아주 인상적이다. 연령이 어린 반의 경우에는 아이들의 보조에 맞춰서 천천히 움직이지만 최고 연령인 만 5세반의 리듬운동은 보통 성인들이 하기 힘든 수준으로 유연성, 근력, 균형 등 종합적인 운동능력을 요구한다.

5세반 교사는 매일 아이들과 리듬운동을 함께 하고 있고, 또한 아이들이 하는 동작 하나하나를 고쳐 주고 더 나은 자세를 보여 줘야 하기 때문에 아이들보다 더 높이, 더 빨리 달리는 것은 물론, 고난이도의 자세까지 보여 준다. 올해 처음 들어왔다는 초임 교사는 경력 교사만큼의 리듬운동을 보여 주지 못하고 있지만, 4개월이 지난 그녀의 몸놀림은 벌써 예사롭지 않다. 앞으로 조금만 더 이렇게 매일 리듬운동을 한다면 경력 교사만큼 고난이도 자세를 보여 줄 수 있을 것 같다.

리듬운동이 진행되는 한 구석에서 필자도 참여하여 리듬운동을 따라해 보았다. 잠깐 해봤을 뿐인데 몇 분이 지나자 숨이 턱까지 차올랐다. 5세 아이들을 따라하는 것만 해도 유연성과 근력에서 뒤처짐을 느끼고 있는 와중에 이 아이들을 넘어서서 멋진 자세를 보여 주는 교사를 보니, 아이들과 함께 매일 몸을 단련하는 교사들의 운동능력과 그 노력이 대단하다는 것을 절실히 느낄 수 있었다.

후쿠오카현 T보육원 2011

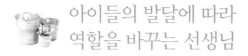

아이들의 발달에 따라 역할을 바꾸는 선생님

일본의 보육 현장에서 아이들을 대하는 교사들의 모습을 보고 있자면 다양한 이미지를 연상하게 된다. 넘어져 울고 있으면 언제든 와서 달래 줄 것 같은 따뜻한 엄마 같기도 하고, 함께 술래잡기를 하며 놀아 줄 이해심 많은 이웃집 언니 같기도 하고, 때론 축구, 달리기, 팽이치기 어느 것 하나 못하는 게 없는 멋진 형아 같기도 한 것이 일본 교사들의 모습이다. 물론 이러한 다양한 이미지는 교사 각자가 가진 개성 때문이기도 하겠지만, 일본에서는 아이들의 연령에 따라 일부러 교사 자신의 태도나 자세를 변화시킨다. 일본에서 '아동의 발달에 적합한' 보육은 교사의 적절한 '변신'에서 출발하고 있는 것이다.

일본의 새학기는 우리나라보다 한 달 늦은 4월에 시작한다. 동경 소재 M유치원의 4월은 여느 원과 다름없이 울음바다로 시작된다. 태어나 처음으로 엄마와 떨어져 보육원에 맡겨진 아이들은 하늘이 무너진 듯, 땅이 꺼진 듯 서럽게 울어 댄다. 이 시기에 만 3세 반 교사들은 매우 따뜻하고 다정한 어머니의 모습을 닮아 있다. 교사들은 아이들과 일대일의 친밀감과 유대감을 형성하는 데 온 정성을 기울인다고 한다. 안아 주고, 업어 주고, 달래 주고, 놀아 주고…. 이 시기만큼은 교사들이 어떤 어리광도 다 받아줄 것 같다.

몇 달이 지나 만 3세 아이들도 조금씩 원 생활에 적응하고 나면, 놀이터에는 한 명의 선생님을 구심점으로 옹기종기 모여 놀고 있

동경 M유치원 2012

는 아이들의 모습을 볼 수 있다. 마치 엄마 오리를 쫓아 움직이는 새끼오리들처럼 삼삼오오 선생님이 가는 곳을 쫓아다니면서 선생님이 하는 놀이를 따라 한다. 이때 선생님은 소집단 아이들의 놀이의 구심점이자 놀이의 안내자가 된다. 선생님들은 아이들과 함께 흙놀이, 소꿉놀이를 하면서 어떤 놀이가 있는지, 원의 곳곳을 소개시켜 준다. 아이들은 선생님을 따라다니며 보육원 곳곳의 흥미로운 세계, 흥미로운 놀이들을 만난다.

"만 3세 아이들은 원에 처음 들어왔기 때문에 정서적으로 많이 불안해합니다. 교사와 일대일 유대감을 유지하는 것에 우선 집중하고, 그런 다음 재미있는 놀이를 발견하여 놀이로 흥미가 넘어갈 수 있도록 하는 것이 만 3세 교사의 역할입니다."

동경 M유치원 2012

그러나 아이들이 만 5세가 되면 교사 역시 만 5세에 맞게 변신해야 한다. 원의 최고 만형인 만 5세가 되면 아이들은 체력, 신체 기능, 운동량, 인지력 등 모든 면에서 탁월하게 발달한다. 그래서 교사는 일단 체력이 필요하다. 일반적으로 필자가 본 일본의 만 5세반 아이들의 에너지와 활동량은 일반 성인이 따라가기에도 만만치 않다. 필자는 언젠가 아이치현 H유치원에서 만 5세반 아이들과 술래잡기를 한 적이 있었다. 대충 잡힐 듯 말 듯 조절하며 뛰리라 생각했건만, 아이들의 놀라운 달리기 속도에 필자는 전력질주를 하지 않을 수 없었다. 넓은 바깥놀이터를 3년 내내 뛰어다녔으니, 이 정도 체력이 생기는 것도 놀랄 일은 아니다. 이런 아이들을 데리고 축구나 피구, 잡기놀이를 하려면 일단 체력은 기본이다.

　교사에게 필요한 것은 체력뿐만이 아니다. 일본의 교사들은 '잘 놀아야' 한다. 일본의 5세 아이들이 몰두하는 놀이는 성인들도 상당한 수련을 하지 않으면 잘할 수 없는 놀이가 많기 때문이다. 특히 어릴 때 제대로 놀아본 적이 없는 교사라면 더욱 그러할 것이다. 피구나 축구는 그렇다 할지라도 팽이치기, 죽마 타기를 아이와 함께하는 것은 결코 쉬운 일은 아닐 것이다.

　같은 아이치현 H 유치원에서 있었던 일이다. 필자가 관찰하던 5세 시기의 아이들은 팽이치기에 몰두하고 있었다. 한 아이가 팽이를 날려서 공중에 든 상자 속에 꽂아 넣는 묘기를 보여 주며 주변 아이들의 주목을 받고 있을 때였다. 이를 보고 있던 주임 교사가 손바닥에 팽이를 올려놓는 모습을 보여 주겠다고 나섰다. 비록 한 번에 성공하지 못하고 수차례 실패는 했지만, 아이들이 모두 주목하는 가운데 주임 교사는 손바닥 위에 팽이를 올려놓는 고난이도의 기술을 보여 주었다. 이를 본 아이들은 박수를 치며 환호하였다. 주임 교사에게 손바닥에 팽이를 올려놓는 비법에 대해 진지하게 묻는 아이들도 있었다. 물론 그런 질문을 하는 아이의 팽이치기 기술은 이미 수준급일 것이다.

필자는 만 5세반 아이들의 눈에서 교사를 향한 부러움과 동경의 마음을 읽을 수 있었다. 그리고 아이들에게서 그런 마음을 불러일으킬 수 있었던 교사의 모습은 다름 아닌 튼튼하고, 자신 있고, 제대로 잘 노는 '놀이의 리더'였다. 팽이 묘기를 마친 H유치원의 주임 교사는 다음과 같이 설명했다.

"옛날 아이들은 골목에서 이웃집 형이나 언니들을 통해서 놀이를 배웠잖아요. 그런데 요즘은 그런 여건이 안 되니까, 교사가 그 역할을 해야 한다고 생각합니다. 그래서 저희 교사들도 제대로 잘 놀아야 하는 것입니다."

주임 교사의 말에서 필자는 일본의 교사들은 아이들의 발달 수준에 맞춰 그 역할을 바꿀 뿐만 아니라 사회 환경의 변화에 맞춘 교사의 역할을 찾아가고 있음을 이해할 수 있었다.

긴 호흡으로 세심히 관찰하는 선생님

일본의 보육원에서는 7세 아이들이 죽마를 타며 노는 것을 자주 볼 수 있다. 모든 아이가 죽마 타기를 꼭 해야 하는 것은 아니지만 대부분의 아이가 7세가 되면 으레 죽마 타기에 도전을 한다. 성인 들조차 죽마를 타고 몇 초 이상 버티는 건 어려운 일인데, 이런 고 난이도의 죽마 타기를 일본의 교사들은 어떻게 지도하는 것일까? 그런데 방법은 의외로 단순했다. 그 방법이란, 교사들이 아이들이 몇 번이고 넘어지고 다시 일어서는 그 긴 과정을 계속 지켜보는 것이었다. 일본의 교사들은 각각의 아이들이 겪고 있는 연습 과정 을 세심히 관찰하고 있었다.

"지금까지 죽마 타기를 위해서 연습하는 많은 아이들을 봐 왔 어요. 보통은 발가락 사이에 대나무를 끼워서 중심을 잡도록 알려 주지만, 아이들 중에는 발가락에 대나무를 끼우려고 하 다 보니 중심이 발뒤꿈치로 옮겨져서 도리어 더 힘들어하는 아이들도 있더라고요. 그런 아이들에게는 중심을 발가락 쪽으 로 옮겨 보라고 하니까 할 수 있게 된 아이, 대나무 전체에 몸 을 밀착시켜서 대나무를 내 몸의 뼈라고 생각해 보라고 하니 까 그제야 그 방법을 이해한 아이들도 있었어요. 이렇게 각각 의 아이들과 마주하고 함께 여러 가지 방법을 생각하면서 그 아이가 이해할 수 있도록 방법을 전하고, 격려하는 방법을 찾 아가는 것이 교사의 역할이라고 생각해요."

죽마 타기 연습으로 한창인 아이들을 바라보면서 후쿠오카현 C보육원의 원장이 한 말이다. 이 말 속에서 필자는 원장이 얼마나 많은 아이들의 연습 과정을 꾸준히 그리고 세심하게 관찰하고 있었는지를 느낄 수 있었다. '각각의 아이들'에게 '그 아이가 이해할 수 있도록' 이야기해 주는 것은 아이 하나하나를 세심히 관찰하지 않고서는 불가능하기 때문이다. 일본 보육원의 아이들은 죽마 타기 이외에도 팽이치기, 줄넘기와 같이 시간을 두고 몇 달 동안 연습해야지만 해낼 수 있는 놀이들에 몰두한다. 그리고 그 놀이를 지켜보고 있는 교사도 한결같다. 교사들은 긴 호흡으로 아이들의 모습을 지켜보고 있는 것이다.

이렇게 일본 유아교육에서는 교사에게 아이들을 세심히 관찰할 것을 강조한다. 교사가 현재 보고 있는 각각의 아이들이 각자의 성장과정에서 어디까지 와 있고 어디에서 멈춰 있는지, 무엇 때문에 멈춰 있는지 그리고 멈춰 선 곳에서의 기분이 어떠한지를 항상 지켜봐야 한다. 그러면서 교사는 아이들의 오랜 연마 과정에서 이루어지는 모든 것을 함께 공감하며 기뻐해 주고 격려해 주고 있었다. 이 긴 과정을 지켜보고 있는 교사는 단지 "열심히 하자." "파이팅!"이라는 똑같은 말로 응원만 해서는 안 된다. 어제는 서 있기도 힘들었던 죽마 타기가 오늘은 한 발짝 내딛게 되었다는 것을, 어제는 겨우 한 발짝 움직였던 죽마 타기가 오늘은 세 발짝이나 움직일 수 있게 되었다는 것을 하나하나 세심히 표현해 주며 아이들이 만들어 낸 그 작은 성취의 순간들을 교사가 함께 공감해 주는 것이다. 아이들의 성장 과정을 계속해서 지켜봐 온 교사들의 작은 공감들이 쌓여서 아이들이 내면에 가지고 있는 힘과 능력이 더욱더 발산되어 나오는 것이다.

문득 우리나라의 바쁜 유아교육 현장을 떠올려 보았다. 필자가 여러 해 우리나라의 현직 교사들과 함께 일본 보육기관을 견학하며 느낀 점은 우리 교사들이 공통적으로 일본 교사의 '여유로움'을 부러워한다는 점이었다. 우리 교사들은 일본 현장을 보면서 "일본 교사들은 참 여유로워 보이네요." "우리는 일이 너무 많아요." "신경 써야 할 게 너무 많아요." "바빠요."라는 말을 많이 한다. 교사들이 바쁘다고 말하는 현장에서 일본 교사들처럼 아이들 하나하나를 관찰하기란 쉽지 않을 것이다. 아이들 하나하나를 긴 호흡으로 세밀하게 지켜보고 관찰하기에 너무 바쁘다는 우리의 유아교육 현장, 아이를 보는 일에 시간을 할애할 수 없도록 만드는 '바쁨'의 원인은 무엇일까? 어쩌면 우리는 무엇인가 매우 중요한 보육의 에센스를 놓치고 있지는 않을까?

이러한 교사의 세심한 관찰과 배려 그리고 아이들 스스로의 힘을 믿고 있다는 것은 영아반에서도 발견할 수 있었다.

후쿠오카현 소재의 K보육원 2세반에서는 오전 자유놀이 시간을 끝내고 리듬운동과 매트리스 운동을 하기 위해서 교실을 나와 긴 복도 끝의 조금 넓은 교실로 이동을 해야 한다. 제법 잘 걷는 아이들은 빠른 걸음으로 아장아장 걸어서 이동한다. 하지만 그중에서는 아직 걷기가 익숙하지 않은 아이들도 있다. 한 교사가 앞서서 빠른 걸음의 아이들과 가버리자 그 뒤로 걸음이 제일 느린 아이 하나가 남아 있다. 그리고 그 옆에는 이 아이를 지켜보는 한 교사

의 모습도 보였다. 아이는 걷다가 힘들었는지 멈춰 서서 넘어지려
는 몸을 다시 일으켜가면서 걷고 있다. 교사는 그 뒤를 따라 기어
가며 아이의 작은 움직임까지 함께하고 있는 것이다. 필자는 이
아이와 교사의 뒷모습에서 스스로 하고자 하는 아이의 힘과 그것
을 조용히 지켜봐 주려는 교사의 모습을 볼 수 있었다. 아마도 그
교사는 아이의 작은 움직임까지 이해하고 있을 것이다.

아이가 어려움에 부딪혔을 때 바로 손을 내밀어 도와주기보다
는 그것을 지켜보며 아이가 극복해 나가는 과정을 함께해 주는 것
이야말로, 그들이 말하는 '아이를 잘 보는 것'의 진정한 의미가 아
닐까? 그리고 필자는 일본 교사들의 전문성은 바로 이 긴 호흡과
세밀한 관찰에서 나오는 것이라고 추측해 본다.

아이들의 힘을 믿어 주는 선생님

일본 보육은 이론적으로나 실천적으로나 아이들의 살아가는 힘을 기르는 것을 목표로 한다. 그런데 일본 교사들은 '아이들의 힘'을 어떻게 이해하고 있을까? 우리나라 유아교육에서는 거의 등장하고 있지 않은 '아이들의 힘'이란 용어는 필자에게는 생소할 뿐이었다. 그러나 여러 해 동안 일본의 현장을 살펴보면서 필자는 일본 보육 현장 곳곳에서 '아이들의 힘'이 자라고 있는 모습을 목격할 수 있었다. 그리고 이를 어떻게 교사들이 길러 내고 있는지도 배울 수 있었다.

동경 M유치원의 바깥놀이터의 숲속에는 아이들 누구나가 매력을 느끼는 작은 오두막이 있다. 이 오두막은 소꿉놀이나 경찰놀이 등 각종 놀이의 아지트가 된다. 이 오두막의 진짜 매력은 오두막 벽을 타고 지붕에 올라갈 수 있고, 다시 봉을 타고 내려올 수 있다는 점에 있다. 그러나 유치원의 가장 어린 반(만 3세) 아이들이 이런 스릴을 만끽하기에는 많은 용기가 필요한 것 같았다. 이 오두막 지붕에 매력을 느꼈는지, 수짱은 가까스로 벽을 타고 지붕에 올라섰다. 그러나 수짱에게는 오두막 지붕에 오르는 일보다 봉을 타고 내려오는 것이 더 어려운 코스였다. 수짱은 지붕 위에서 아래만 내려다보며 한참을 가만히 있었다.

수짱은 다른 친구나 형아들이 몇 번이고 오르락내리락하는 동안 계속 지붕 위에만 있었다. 봉을 잡고 한 발을 내딛어 보다가 다시 들어 놓기를 여러 번… 이 모습을 지켜보고 있자니 필자가 답답할

동경 M유치원 2012

지경이었다. '수짱의 엉덩이를 조금만 잡아 주면 좀 더 쉽게 내려
올 텐데…' 하는 생각에 금방이라도 수짱을 안아 내려 주고 싶은
충동이 일어났다. 그런 필자와는 달리 수짱의 모습을 처음부터 지
켜보고 있던 교사의 모습은 여유로웠다. 수짱과 눈을 맞추며 "손
으로 봉을 꼭 잡는 거야."라고 일러줄 뿐이었다. 그러나 필자의 인
내심을 시험하듯, 수짱은 지붕 위에서 내려올 줄을 몰랐다. 필자
가 포기하는 심정으로 다른 곳으로 가려고 할 때, 수짱이 봉에 몸
을 기대고 조금씩 봉을 타고 내려오기 시작하였다. 바닥에 무사히
발이 닿았을 때 수짱의 얼굴은 만족감으로 가득했다. 지켜보고 있
던 교사도 "대단한 걸! 해냈구나!"라고 격려해 주었다. 필자는 수
짱의 만족스러워하는 표정이 단순히 무사히 지붕에서 바닥으로
내려왔다는 안도감 때문이 아니란 것을 알 수 있었다. 그보다 더

큰 만족감은 '혼자서 해냈다.' 는 성취감이었을 것이다.

필자는 수짱을 지켜보고 있던 시간 동안 분명 아이의 내면에서 어떤 '힘' 이 자랐음을 느낄 수 있었다. 그리고 이것은 '아무것도 하지 않고' 기다려 준 적절한 교사의 역할이 있었기 때문에 가능했다고 생각한다. 교사가 믿어주는 아이들의 힘은 일상적인 보육 상황 속에서뿐만 아니라, 보육원에서 가장 큰 운동회와 같은 날에도 빛을 발한다.

햇살이 따스한 가을운동회 날. 후쿠오카현의 C보육원은 인근 공원에서 운동회를 개최하였다. 재원 중인 아이들의 가족뿐만이 아니라 주위의 지역사회 어르신들까지도 운동회를 구경하려고 모여들었다. 그중에서도 가장 주목을 받았던 코너는 각 연령별 아이들이 보여 주는 개인의 기량 코너다. 1세반부터 7세반 아이들까지 모두가 자신들이 평소에 원에서 해 오던 신체활동을 보여 주기 시작한다.

어린 아이들의 순서가 끝나고 이제 남은 건, 7세반 아이들이다. 가장 형님반 아이들인 만큼 앞서 보아 왔던 동생들하고는 사뭇 다른 진지한 기운이 감돌고 있다. 학부모들도, 동생들도 모두 기대에 찬 눈으로 7세반 아이들의 동작을 하나하나 좇기 시작했다.

먼저 아이들은 뜀틀 뛰기를 보여 주었다. 처음에 준비된 3단 뜀틀은 모두가 간단히 뛰어 넘고, 점점 4, 5단으로 뜀틀 높이가 올라가자, 하나 둘, 넘지 못하는 아이들이 보인다. 넘지 못하는 아이들은 완전하게 뛰어 넘을 수 있을 때까지 몇 번씩 반복해서 뜀틀 뛰기를 시도한다. 많게는 일곱 번이나 시도하는 아이도 있다. 그 아이는 모두가 지켜보고 있는 가운데 긴장해서인지 뜀틀을 타 넘지 못했다.

다섯 번째 시도에서 실패하자 아이는 도움닫기를 하다가 뜀틀 앞에서 멈춰서더니 한참을 가만히 서 있었다. 그 순간 그 아이를 지켜보는 다른 친구들도, 교사들도, 학부모들도 그 아이의 도전을 기다리면서 지켜보고 있다. 가끔씩 "간바레!(힘 내!)"라는 목소리만 들릴 뿐이다. 다시 그 아이는 뒤에서 도움닫기를 하며 뜀틀 뛰기를 하였다. 끝부분이 엉덩이에 약간 닿기는 했지만, 아이는 뜀틀을 뛰어 넘었다. 지켜보고 있던 모든 사람이 환호성과 함께 힘찬 박수를 쳤다. 이렇게 한 아이, 한 아이가 동작을 완성할 때마다 그것을 지켜봐 주는 어른들의 따뜻한 시선과 박수 소리가 운동장을 가득 메웠다.

이제는 장대 오르기 순서다. 아이들이 장대 오르기를 할 수 있도록 학부모들이 몇 명 나와서 장대를 잡아 주고 아이들은 두 줄로 서서 장대 오르기를 시작하였다. 필자가 보기에는 거의 묘기 수준으로 잘하는 아이들은 눈 깜짝할 새에 장대를 타고 올라가 맨 위에 매달려 있는 종을 치고 내려온다. 같은 반, 같은 연령의 아이들이라 할지라도 가지고 있는 신체적 능력이 각기 다르고, 운동 능력도 제각각일 것이다. 다람쥐처럼 순식간에 장대를 타고 올라가 끝에 달린 종을 치고 내려오는 아이들도 있고, 조금은 힘겹게 봉을 타고 올라가서 가까스로 손끝으로 종을 치고 내려오는 아이들도 있었다. 아이들이 봉을 타고 내려오는 모습을 지켜보면서 교사들과 학부모들은 따뜻한 응원을 보내고 있다.

드디어 준 군의 차례. 같은 반 아이들 대부분이 장대 오르기를 성공하고 내려오고 난 후다. 준 군은 평소 연습을 할 때도 장대 오르기는 성공한 적이 없었다. 운동회 날 교사와 학부모 그리고 친구들 모두가 지켜보는 가운데 준 군은 장대 앞으로 성큼 다가갔다.

그리고 두 팔에 힘을 주고 몇 번을 오르기를 시도하였다. 그러나 긴 장대의 반 정도에서 떨어지기를 수차례, 이제는 반 아이들 모두가 장대 오르기를 끝내고 준 군을 지켜보고 있다.

준 군은 얼굴이 발갛게 상기된 채로 포기하지 않고 계속 장대를 오르려고 했지만 번번이 중간쯤에서 아래로 털썩 떨어져 버린다. 준 군의 여섯 번째 시도. 준 군은 중간까지는 힘겹게 올라갔으나 그 이상 오르지 못하고 장대를 꼭 붙잡은 채, 가쁜 숨을 몰아쉬고 있다. 준 군의 표정은 "아, 더 이상 못하겠어. 이제 어떡하지?"라는 말을 하고 있는 것처럼 보인다.

그때 반 친구들 중 한 명이 오더니 준 군의 발바닥 바로 아래에 손을 대고 장대를 붙잡는다. 준 군이 다시 힘을 내서 장대를 타고 올라갈 수 있도록, 아래로 떨어지지 않도록 손으로 주먹을 쥐어 지지대를 만들어 준 것이다. 그래도 준 군이 오르지 못하고 있자, 3~4명의 친구들이 더 나와서 발 지지대를 만들어 준다.

준 군은 친구들이 만들어 준 발 지지대 덕분에 10cm 정도 더 올라갔다. 친구들은 밑에서 "포기하지 마." "힘을 내."라고 받쳐 주며 응원을 한다. 이렇게 한참 동안을 준 군은 친구들과 함께 장대에 오르려고 사투를 벌였다. 마지막으로 교사 두 명이 나와서 다른 아이들처럼 주먹 지지대를 또 만들어 줬다. 준 군은 한참을 장대에 매달려 있었지만 결국 오르지 못하고 내려왔다.

그렇게 긴 과정 동안 담임교사는 준 군을 지켜보면서 격려할 뿐이었다. 마지막에는 친구들의 키보다 조금 더 높이 준 군이 올라가자 그제서야 나와서 다른 친구들과 함께 주먹 지지대를 만들어 줬을 뿐 주먹을 이용해서 준 군이 올라가도록 도와주지는 않았다.

어디까지나 준 군이 스스로 올라갈 수 있도록 지켜봐 주는 것이었다. 그러고는 교사는 장대 오르기를 하고 돌아온 준 군의 머리를 쓰다듬으면서 "끝까지 열심히 잘했어. 연습했을 때보다는 좀 더 많이 오를 수 있었어. 대단했어."라고 격려한다.

이렇게 운동회에서 볼 수 있었던 교사의 태도는 필자에게 있어 조금은 생소한 모습이었다. 우리나라 보육 현장에서 필자는 아이들의 조그만 실패에도 민감하게 반응하고 도와주는 교사들의 모습을 항상 봐 왔고, 그렇게 하는 것이 당연하다고 생각했었다. 필자도 유아교사를 하던 때에는 아이들이 어떤 문제에 부딪혀 어려워할 때는 얼른 다가가 민감하게 반응하고 도와주는 것이 교사의 역할이라고 확신했었다.

그래서인지 일본 보육 현장에서 이루어지는 운동회에서 모든 원의 학부모들과 원장을 비롯한 교사들이 함께 지켜보는 자리에서, 하기로 약속한 활동을 해내지 못해서 고군분투하는 아이를 모두가 꽤 오랫동안 끝까지 기다려 주면서 지켜보고 있다는 것은 신선한 충격이었다.

우리나라의 유치원이나 어린이집에서도 아이들과 교사, 부모들이 함께하는 행사가 있다. 각 기관의 프로그램과 여건에 따라서 다르겠지만 주로 부모참여 활동, 소풍, 운동회 등으로 이루어지는 행사가 일 년에 한두 번 정도는 진행되고 있다. 필자가 지켜본 우리나라 유아교육기관의 운동회에서는 주로 부모와 아이가 짝이 되어 서로 경쟁하고 누가 이겼는지를 판가름하는 코너가 많았다. 그 게임 내용에 있어서도 아이들이 기관 생활 속에서 쭉 해 오던 활동 기량을 보여 주기보다는 운동회를 위해서 새로이 만든 게임들이 대부분이다. 가끔은 아이들보다 부모들이나 교사들이 더 치열히 경쟁하는 모습을 보이기도 하여, 운동회에 참가한 어른들도 경쟁하고 이기는 것에 더 가치를 두고 있는 듯이 보이기도 한다.

이에 비해 일본 유아교육 현장에서 이루어지는 운동회는 각 아이들이 얼마나 발달해 왔고, 어떠한 발달 과정 속에 있는지를 모두가 함께 지켜보는 자리다. 어린 연령부터 시작하는 아이들의 기량 보여 주기 코너는 학부모들에게 원의 아이들이 어떠한 발달 과정을 거쳐서 일곱 살이 되는지를 보여 주며, 어린 동생들에게는 앞으로 어떤 것을 할 수 있게 되는지를 자연스럽게 보여 주는 자리였다.

앞서 언급한 것처럼, 일본의 보육에서 키우고자 하는 아이들의 '살아가는 힘'을 스스로 발산하고 만들어 낼 수 있도록 교사는 아이들과 함께 놀고 생활하며, 아이의 힘을 믿고 끝까지 지켜보고 있다.

心,

그림으로 아이들의
마음을 읽는다

어른들이 모르는 사이에도 아이들은 끊임없이 자신들의 내면
을 표현한다. 아이들은 자신들의 방법으로 건강과 아픔, 기쁨
과 슬픔, 만족과 불만족을 표현하고 있다. 아이를 잘 키우려면
이런 아이들의 마음(心)의 소리를 들을 수 있어야 할 것이다.
일본의 보육 현장에서는 아이들의 그림을 통해 아이들의 마음
을 읽어 내는 지혜를 만날 수 있다. 그들은 특별한 평가도구나
체크리스트 없이도 아이들의 그림 속에서 꼭 필요한 정보를
얻고 있었다.

그리고 싶을 때는 언제든 그려요

실외로 이어진 탁 트인 테라스에 놓인 테이블에 앉아 아이들 3~4명이 그림 그리기에 열중하고 있다. 아이들은 자기 몸집만 한 커다란 종이 위에 스윽스윽 매직으로 선을 그어 낸다. 아이들의 표정이 사뭇 진지해 보인다. 그렇게 그려 낸 아이들의 그림에는 하늘이 있고, 태양과 구름이 있고, 언덕과 놀이터가 있다. 나무 타는 아이와 줄넘기를 하는 아이들의 모습이 있다. 그림 속 풍경은 바로 옆 놀이터의 풍경을 그대로 담고 있었다. 아이들은 자기 일상을 도화지에 그려 내고 있는 것이다.

이것은 사쿠라 사쿠란보 보육을 실천하고 있는 보육원들의 흔한 풍경이다. 이 보육원들에서 아이들은 언제 어디서든 그리기를 즐긴다. 그리고 싶을 때 그리고 싶은 만큼 그린다. 실내에서, 테라스에서, 때로는 바깥놀이터 한쪽에 테이블을 꺼내와 그림을 그리기도 한다.

이는 정해진 주제에 따라 정해진 시간에 다함께 그림을 그리는 한국의 일반적인 유

후쿠오카현 K보육원 2010

오키나와현 G보육원 2013

치원, 어린이집의 미술 시간과 비교해볼 때 대단히 자유로워 보이는 장면이다.

이 보육원에서는 크레용을 쥘 악력(握力)이 생기는 2세부터 자연스럽게 그리기를 시작한다고 한다. 원장은 아이들이 흙놀이와 물놀이를 좋아하듯, 누구나 그림 그리기를 좋아한다고 하였다. 또한 그림을 통해 내면을 표현하려는 욕구는 아이들의 본능이이라고 하였다. 한 아이 당 하루에 3~4장, 졸업 때까지 3,000장 이상의 그림을 그려 낸다고 하니, 아이들의 그림 본능을 실감할 수 있었다.

그리기가 아이들의 본능이라지만, 그냥 내버려 둔 아이가 저절로 그림 그리기를 즐기지는 않을 것이다. 언제나 느끼는 것이지만, 일본 보육은 지극히 자연스러운 겉모습 뒤에 교사들의 작지만 섬세한 배려가 숨어 있다. G보육원 교사들도 아이들의 그림 본능을 살리기 위한 배려를 아끼지 않고 있었다.

이곳 아이들은 기본적으로 그리고 싶을 때 그리고 싶은 것을 그린다. 교사는 어떠한 그림 지도도 하지 않는다. 교사는 "이건 엄마! 이건 아빠!" "이건 ○○!" 아이들이 재잘재잘 자신의 작품 세계에 대해 털어놓으면, 그 내용을 그림 귀퉁이에 날짜와 함께 메모해 줄 뿐이다.

그리고 G보육원의 교사들은 아이들이 그림 그리기에 적절한 환경과 도구를 마련해 주고 있었다. 교실 한편에는 아이들이 언제든 꺼내 쓸 수 있는 종이가 구비되어 있다. 종이는 우리나라의 유치원이나 어린이집에서 흔히 사용할 법한 새하얀 도화지나 A4용지가 아니라, 4절지 크기의 황토 빛이 감도는 재질이다. 원장은 이런 종이를 사용하는 데에는 나름의 이유가 있다고 했다. 4절지는 유아들이 팔꿈치를 최대한 뻗어도 종이를 벗어나지 않을 만큼 크기 때문에, 아이들이 마음껏 표현할 수 있다는 것이었다. 그리고 순백색의 종이보다 약간 황토 빛이 도는 종이가 실패에 대한 두려움을 줄이고, 자신감을 북돋아 준다고 했다. 그러고 보니 G보육원 아이들은 그 커다란 종이를 앞에 두고도 조금의 망설임 없이 스윽스윽 자신 있게 선을 긋고 있었다. 이는 선하나 긋고 틀렸다며 지우개를 찾는 아이들의 모습에 익숙한 필자에게 낯선 광경이었다.

한편 아이들이 그린 그림의 보관법도 주목할 만하였다. 오키나와현의 G보육원이나 후쿠오카현의 K보육원에서는 각 교실에 4절지 종이가 들어갈 만한 크기의 그림 보관용 개인 서랍을 볼 수 있다. 이 '그림 서랍'에는 아이들 각자의 그림들이 그린 날짜순으로

차곡차곡 보관되는데, 이렇게 보관된 그림들은 교사들이 아이들의 성장의 흐름을 시간순으로 파악하는 데 큰 도움을 준다.

그림은 벽면에 게시되기도 하였는데, 오키나와현의 G보육원이나 후쿠오카현의 M유치원 교실에서는 한 쪽 벽면에 아이들의 그림을 겹쳐서 걸어 두고 있었다. 이 역시 아이들의 그림을 그린 날짜순으로 겹쳐 게시하고 있었고, 각 그림에는 그린 날짜나 아이들의 생일이 표시되어 있어, 월령별로 아이들의 그림을 파악할 수 있게 하였다.

우리나라의 유치원이나 보육원에서 아이들의 그림은 교사의 손끝에서 '작품'으로 꾸며져 교실 벽면에 '전시'되거나 '환경구성'된다. 이와 비교하면 M유치원의 전시는 투박하기 이를 데 없다. 보는 이에 따라서는 일본 교사들의 게으름과 센스 없음을 탓할 것도 같지만, 필자에게 이 모습은 아이들의 그림을 특별한 전시물로 만

후쿠오카현 M유치원 2004

오키나와현 G보육원 2013

오키나와현 G보육원 2013

후쿠오카현 C유치원 2012

들지 않고 생활의 일부로 여기며, 적극적으로 보육에 활용하려는 자세로 보였다.

그림 그리기에 사용되는 도구도 아이들의 발달에 맞추어 선택하고 있었다. 만 1세의 경우는 악력이 약하고 무엇이든 입에 가져갈 위험이 있으므로 아이들의 손에 알맞는 작은 매직으로 인체에 무해한 것을 준비한다. 만 2세 이후로는 굵은 매직을 계속 사용하며, 세밀하고 꼼꼼한 표현이 가능하도록 좀 더 얇은 매직을 주는 것은 만 5세가 되어서다. 보육원 졸업을 앞둔 만 6세가 되면 더욱 세밀한 표현이 가능해지므로 좀 더 얇은 사인펜을 준다고 한다.

또한 아이들의 발달단계를 고려하여 만 6세 이전까지는 6~8색만 준다고 한다. 이는 만 6세가 되어야 색에 대한 감각이 완전히 발달하기 때문이라고 한다. 그래서 여러 색의 물감을 이용해 다양한 색을 표현할 수 있는 수채화 그리기는 보육원 졸업을 몇 개월 앞둔 만 6세만의 특권이다. 수채화에는 물감이 은은하게 스며드는 일본 전통지(和紙)가 사용된다. 먼저 검은 사인펜으로 그림을 그린 뒤, 물감으로 다채로운 색을 표현하게 하는데, 이러한 재료들은 아이들의 표현을 더욱 아름답게 나타내는 데 부족함이 없는 것 같았다.

그림 속에 펼쳐지는 아이들의 성장

후쿠오카현 C유치원과 홋카이도 K보육원은 사쿠라 사쿠란보 보육의 그림 그리기를 실천하고 있는 기관들이다. 원장과 교사들은 우리에게 아이들이 그린 그림을 보여 주었다. 특히 일곱 살 아이들이 그렸다는 수채화를 보니 감탄사가 절로 나왔다. 약동감이랄까 생동감이랄까. 해와 구름의 모양, 언덕과 나무의 배치, 줄넘기하거나 연날리기를 하는 아이의 모습 등에서 아이다운 발상을 발견하는 재미도 쏠쏠했다. 전체적으로 느껴지는 밝고 환한 색감에서 아이들이 느끼는 밝은 세상의 이미지를 볼 수 있었다. 여기에는 지금껏 유아들의 그림이라고 믿어 왔던 만화 캐릭터나 공주 그림에서는 느낄 수 없었던 신선함이 있었다.

이 기관들의 교사들에게 아이들의 그림이란, 풍부한 예술적 감수성의 표현 이상의 의미를 가진다. 사쿠라 사쿠란보 보육철학에서 그림은 아이들의 발달과 보육에 대한 많은 정보를 담고 있다고 여겨지기 때문이다. 사쿠라 사쿠란보 보육의 창시자인 사이토 키미코는 전국 각지의 아이들이 그린 수많은 그림을 살펴보면서 연령별 그림의 공통점을 발견하였다고 한다. 그렇게 아이들의 그림과 신체적·정신적 발달 사이의 밀접한 관련성을 알게 되었다고 한다.

후쿠오카현 C유치원 2012

홋카이도현 K보육원 2015

사쿠라 사쿠란보 보육을 실천하고 있는 또 다른 원인 오키나와 현 G보육원 원장은 우리들에게 만 1세부터 만 6세 아이들이 그린 실제 그림을 보여 주면서, 각 연령별 그림의 특징을 설명해 주었다. 그 이야기를 간단히 소개하면 다음과 같다.

★만 1세★
점을 꼭꼭 찍는 수준에서, 팔을 크게 좌우로 왕복하여 움직이며 여러 개의 선을 겹쳐서 그린다. 팔과 손을 좀 더 자유롭게 움직일 수 있게 되면서 동글동글한 원을 여러 개 겹쳐 그린다.

★만 2세★
손가락 근육이 발달하면서 처음과 끝이 정확하게 만나는 예쁜 동그라미를 그릴 수 있게 된다. 시간이 지나면서 여러 개의 동그라미를 그리는데, 이는 엄마, 아빠, 나 등 가족을 나타낸다. 이후 동그라미에 두 개의 직선, 즉 다리를 그려 넣게 되는데, 이는 충분히 걷고 뛰면서 다리의 발달이 건강하게 이루어졌다는 증거다.

★만 3세★
팔을 충분히 움직이고 인식하게 되면서 동그라미에 팔과 다리를 그려 넣는다. 친구들을 인식하면서 친구를 나타내는 동그라미 수도 늘어난다.

★만 4세★
몸을 인식하면서 동그라미에 몸통을 그려 넣는다. 친구들과 함께 주변의 사물을 그리기 시작한다. 점차 지상과 지하를 구분하는 지평선이 등장한다.

★만 5세★
수십 명의 친구들을 그리고, 줄넘기, 나무 타기 등 보육원에서의 일상생활을 그리면서 그림이 더욱 정밀해진다. 또한 상상한 내용을 다양하게 표현하기 시작한다.

　원장의 설명을 들으며 그림들을 보니, 5년 남짓한 아이들의 성장이 그림 속에서 보이는 것 같았다. G보육원에서 아이들의 그림은 단순히 무엇인가를 그릴 수 있다 없다의 문제를 넘어서는 것이었다.

　그들에게 아이들이 팔다리를 그리는 것은 자신의 팔다리를 정확하게 인식할 수 있을 만큼 성장하였다는 뜻이며, 가족과 친구들을 그린다는 것은 애착관계와 교우관계가 원만하게 형성되었음을 의미한다. 아이들은 온몸으로 느끼고 그렇게 뇌에 새겨지는 이미지를 따라 솔직하게 그림을 그린다는 것이다.

　원장은 만 4세가 그렸다는 평범한 그림 하나를 보여 주며 설명

홋카이도 K보육원 2015

을 이어갔다. 긴 머리를 옆으로 묶고 드레스를 입은 여자가 그려져 있었다. 뭔가 생동감은 덜했지만, 우리나라 유아들에게서 흔히 볼 수 있는 낯설지 않은 그림이었다.

> "이 그림은 언니가 가르쳐 주었거나 보고 베낀 그림입니다. 이 연령의 아이들은 머리카락을 그리지 않으니까요. 일곱 살 이전의 아이가 머리카락을 그리는 경우는 거의 없습니다. 자기 발달단계 이상의 그림을 배워서 그리면, 머지않아 그림에 대한 자신감을 잃고, 그림 그리기를 싫어하게 됩니다."

오키나와현 G보육원 2013

자신의 내면에 인식된 이미지가 아니라 외부의 이미지를 따라 그림을 그리게 되면 아이들은 그림 그리기에 대한 흥미와 자신감을 잃는다는 것이었다. G보육원의 원장은 만 1세가 만 2세의 그림을 그릴 수는 없고, 만 3세가 만 4, 5세 수준의 그림을 그릴 수 있게 되어서도 안 된다는 것을 거듭 강조했다. 필자는 G보육원 교사들이 아이들에게 그림을 그릴 환경과 자유는 주되, 그림 지도는 하지 않는 진짜 이유를 알 수 있을 것 같았다.

필자는 우리나라의 유아 미술교육의 풍토를 떠올려 보았다. 한 살이라도 어릴 때, 되도록 다양한 도구와 화려한 기법들을 경험시키는 데 급급하다는 느낌을 지울 수 없었다. 그에 비하면 일본 보육원들의 도구는 초라하기 그지없다. 재료라고는 종이와 매직이 전부이고, 물감은 일곱 살 후반이나 되어야 접하게 한다고 하니 우리나라의 풍요로운 미술교육에 비하면 열악함 그 자체다. 그러나 일본 교사들은 이런 환경에 대해 부족함을 느끼고 있지 않은 것 같았다. 그들이 정작 신경을 쓰는 것은 그림 그 자체보다 아이들이 건강하게 친구들과 잘 뛰어노는 것이었다. 그래야 아이들의 내면이 풍요로워지고, 그래야 그 내면이 그림으로 드러난다고 믿기 때문일 것이다. 필자는 보육원 곳곳에 걸려 있는 아이들의 생동감 가득한 그림들을 보며, 교사들의 그런 믿음이 결코 틀린 것이 아님을 알 수 있었다.

그림은 보육 상태를 진단하는 '카르테'

사이토 키미코는 아이들의 그림을 '카르테(Karte: 처방전이란 의미의 독일어)' 라고 불렀다. 아이들이 그려 낸 수십 장, 수백 장의 그림들은 아이들의 발달 상태를 진단하고, 이후의 보육 내용과 방향을 결정하는 중요한 정보를 제공해 주기 때문이다. 아이들이 그리는 그림은 그 아이의 보육 환경을 비춰 주는 거울이다.

사쿠라 사쿠란보 보육을 하고 있는 또 다른 미야자키현 소재의 Y보육원에서는 아이들의 그림을 적극적으로 보육에 활용하고 있었다. 원의 교사들은 아이들이 일정 기간 그린 그림을 정기적으로 점검하는 시간을 가진다고 한다. 우선 분기별로 넓은 홀에 전체 교사가 모여, 홀 바닥에 각각의 아이들이 그동안 그린 수십 장의 그림을 일렬로 펼쳐 놓는다. 교사들은 아이들 그림의 변화 과정을 보고, 그동안 각자가 그 아이와 있었던 일과 경험들을 견주어 아이들을 이해한다. 이와 같은 이해를 바탕으로 원 전체의 교사들은 함께 한 아이, 한 아이에 대한 경험을 공유하고 토론해 간다고 한다. 이른바 그림을 매개로 한 '평가의 시간' 을 가지는 것이다. 그리고 그 내용을 토대로 연 2회의 학부모 상담 시간을 가진다고 한다.

필자는 Y보육원의 이러한 시간이야말로 종합적이고 다면적인 유아교육 '평가' 의 한 사례라는 생각이 들었다. 그렇지만 이들의 방식은 우리나라 유아교육에서는 무리가 있어 보인다. 우선 일본 교사들이 주목한 것은 아이들의 그림에 담긴 예술성이나 표현력이 아니라, 종합적인 발달의 상태란 점이다. 그림 속에서 아이들의 발달을 읽어 내기 위해서는 교사들에게 그만큼의 전문성이 요구되기 때문이다.

Y보육원의 이러한 평가 방식과 원 전체의 교사들이 원의 모든 아이에 대해 경험을 공유하려면, 아이들과 교사들이 일상적으로 만날 수 있어야 한다. 그런 점에서 각각의 교실에 분리된 채, 한 교사가 수십 명의 아이들을 보는 대부분의 우리나라의 유치원과 어린이집의 시스템과는 다른 출발점에 있다.

일반적으로 아이들이 밝고 건강하게 자라면, 연령에 맞는 정상적 발달단계를 거친다. 그런 아이들의 그림에는 앞에서 기술한 연령별 그림의 특징이 그대로 나타난다. 예를 들어, 예닐곱 살 아이들의 그림에서는 많은 친구들과 즐겁게 노는 아이들의 일상이 그대로 드러나며 그림 속에서 밝고 편안함, 역동성 등을 느낄 수 있다고 한다.

그러나 모든 아이가 정상적인 성장을 해 나가는 것은 아니다. 여러 가지 원인으로 일반적인 또래들의 성장에 비해 지체되는 경우도 있다. 이럴 때 아이의 그림에서는 그 연령대의 일반적인 특징이 나타나지 않거나, 매우 느리게 나타나거나 혹은 특이한 징후가 나오게 된다고 한다. 다음은 사쿠라 사쿠란보 보육을 소개한 자료[1]에서 발췌한 이상(異常)이 있는 그림과 그 원인에 관한 예들이다.

---

1) 출처: 子どもたちは未來編集委員會 編(2008). 映像で見る子どもたちは未來－第1期. フリーダム.

★ 아이들의 그림에 나타나는 이상 징후 ★

2세 이후에도 선이 분명하지 않고, 황칠과 같이 나타나는 그림은 온몸에 진흙과 흙탕물을 묻혀 가며 마음껏 놀아보지 못한 불만이 그림을 통해 드러난 것이다. 이러한 욕구 불만의 그림은 친구와 싸우고 나서, 아토피로 몸이 간지러울 때, 마음껏 놀지 못했을 때 등 여러 원인에서 나타난다.

얼굴에서 입이나 눈을 색칠하는 경우는 집에서 보고 싶지 않은 장면, 듣고 싶지 않은 말들을 많이 들은 경우, 혹은 채소를 못 먹는 아이에게서 나타난다고 한다. 얼굴에 귀를 크게 그리는 경우는 엄마의 잔소리가 심한 것을 나타내기도 한다.

3세가 되었는데도 동그라미에서 손이 나타나지 않는 경우는 손의 필요성을 못 느끼는 경우다. 과잉보호 때문에 손을 사용할 기회가 많이 없어서 손을 충분히 인식하지 않는 경우가 많다.

인물의 몸이나 다리를 표현하여 그린 선이 선명하지 않고, 흐물흐물하고 힘없이 뻗은 경우는 몸과 다리에 충분한 힘이 들어가지 못한 것을 나타낸다. 몸과 다리를 충분히 움직여 놀아서 온몸을 확실하게 인식시킬 필요가 있다.

얼굴 모양이 일그러지거나 머리카락이 위로 솟은 경우, 머리 위를 검게 황칠하는 경우, 아이가 감당할 수 있는 것 이상의 무리한 요구를 받고 있음을 나타낸다.

사람의 얼굴이나 몸이 로봇처럼 각진 경우, 불필요한 플라스틱 장난감의 영향이 있음을 나타낸다.

그렇다면 Y보육원에서는 아이들의 그림에서 이와 같은 이상 징후들이 나타나거나 또래에 비해 그림의 발달이 지체될 때에 어떠한 조치를 취하고 있을까? Y보육원 원장의 설명에 따르면, 우선

그 아이의 출생 시의 상황과 가정환경, 생활환경, 개인적 기질이
나 장애 요인 등을 포함한 전반적인 보육 환경을 점검한다고 한다.
대개의 경우, 그런 아이는 가정뿐만 아니라 원 생활에서도 식사, 수
면, 놀이 등에서 문제를 보인다고 한다. 교사들은 아이의 불만이 어
디서 기인하는지를 찾아, 가정과 협조하여 보육 환경을 개선시켜
나간다고 한다. 그리고 그 과정 동안 아이의 그림을 지속적으로 살
펴보면서 아이의 변화와 상태를 살핀다고 했다.

　다음은 앞과 동일한 자료의 책자(pp. 71-72)에 소개된 것으로 보
육환경의 개선을 통해서 정상적인 성장 궤도를 회복하게 된 아이
의 사례와 그림이다.

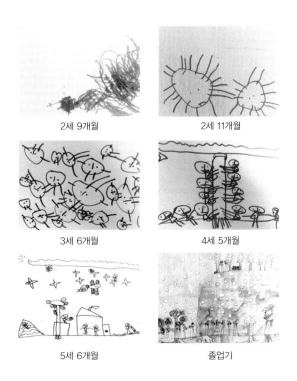

2세 9개월　　　　　　　　　　2세 11개월

3세 6개월　　　　　　　　　　4세 5개월

5세 6개월　　　　　　　　　　졸업기

코짱(가명)은 만 2세 5개월에 원에 들어왔다. 당시 코짱의 아버지는 아침 일찍부터 밤 늦게까지 바쁘게 일을 하였고, 코짱은 어머니와 함께 어머니가 일하는 슈퍼에서 생활하고 있었다. 코짱은 다른 아이를 만나거나 놀 시간이 없었고, 텔레비전과 과자에 파묻힌 생활을 했으며, 자유롭게 놀지 못하고 주로 실내에서만 생활했다.

★2세 9개월★ 종이 한쪽 구석에 황칠을 하듯 마구 갈겨쓴 선을 그렸는데, 그림에서 선명한 동그라미나 직선은 보이지 않았다. 보육원에 들어온 이후, 가정과 협력하여 휴일에는 산, 바다, 공원 등에 놀러가도록 하고 일찍 자고 일찍 일어나는 생활리듬을 회복하며, 식생활에도 변화를 주도록 하였다.

★2세 11개월★ 보육원에서 아버지와의 관계, 가정환경, 생활리듬을 변화시키자 식사시간이 짧아졌다. 바깥놀이도 활발해지게 되고 친구들도 생기게 되었다. 그림에서 아버지와 어머니를 나타내는 두 개의 선명한 동그라미가 나타났다.

★3세 6개월★ 순조로운 발달 상태를 보여, 그림 속에 손발을 선명하게 뻗은 다수의 동그라미가 나타났다.

★4세 5개월★ 그림 속에 강한 힘과 움직임이 보이기 시작했고, 부모의 애정을 가득 받아서 생활의 안정감이 생겼기 때문에, 아이의 표정이 편안해졌다. 그림 속의 지평선 위에 구름과 해를 그리고, 나무를 타는 다수의 아이들을 그리게 되었다.

★5세 6개월★ 깔끔하게 그어진 선들, 집안의 모습, 밖에서 노는 아이들의 모습 등을 즐겁고 생동감 있게 그렸다. 하늘의 별에 올라 타거나, 구름에 그네를 달아 두는 등, 꿈이 가득 펼쳐진 그림을 그리게 되었다. 그리고 노래 부르는 것을 좋아하는 여자아이가 되었다.

Y보육원 원장은 자신 있게 말하였다. 대개의 경우, 앞의 코짱의 사례처럼 아버지와 어머니가 가정에서 보육에 참여하고, 과자와 텔레비전, 플라스틱 장난감을 없애고, 흙과 물, 자연 속에서 활발하게 놀게 하고, 백설탕을 먹이지 않으며, 일찍 자고 일찍 일어나는 생활을 하게 하면, 아이들은 잘 놀고 편식하지 않는 건강한 아이가 된다는 것이었다. 그리고 그런 아이들의 변화는 아이가 그린 그림에서 오롯이 드러난다고 한다. 또래에 비해 느리지만 그림 속 동그라미에 손발이 나타나고, 친구들의 모습이 나타나기 시작하는 것이다.

　　원장은 자신이 아이들의 그림을 단서로 보육 환경을 개선함으로써, 아이들의 발달을 정상궤도에 오르게 한 무수한 성공 사례를 가지고 있다고 자부했다. 그런데 아이들에게서 나타나는 문제들이 아무리 제각각이어도 그 처방에는 일관된 원칙이 있다고 하였다. 바로 애정과 자연, 친구들이 가득한 '좋은 보육 환경'을 만들어 주는 것이었다.

　　원장은 이제껏 보육 환경을 개선해 주었을 때, 건강해지지 않은 아이는 단 한 명도 없었노라 힘주어 말하였다. 40여 년의 보육 경험에서 나오는 확신일 테지만, 필자에게는 지나친 자기 확신으로 느껴졌다. 하지만 필자는 좀 더 시간이 지난 후에 깨달았다. 원장은 자신의 보육 방식이나 능력에 대해 확신하는 것이 아니라, 아이들 내면의 '스스로 발달하는 힘'을 신뢰하고 있었다는 것을…

然,
빈 교실과 자연을
담은 놀이터

일본 유아교육기관 참관을 시작한 지도 거의 20여 년이 다 되어 간다. 필자들은 각자 또는 같이 유치원과 보육원을 일 년에 4~5곳씩 짧은 기간 동안 참관하기도 하고, 연구를 위해 집중하여 몇 달을 보기도 했다. 오랜 시간 일본의 보육 현장을 보면서 느끼는 또 하나의 특징은, 원의 환경(시설이나 분위기)에 변화가 거의 없다는 점이다. 연한 원목의 나무 느낌, 일본의 가정집 같은 느낌, 화려하거나 알록달록하지 않은 소박한 느낌, 자연이 깊숙이 들어와 있는 듯한 느낌 그대로다. 유치원과 어린이집은 분명 사람의 필요에 의해 만들어진 것인데, 일본 유아교육기관은 덜 인위적이라는 느낌이 든다. 앞에서 제시한 다섯 가지 보육의 핵심 원리가 '스스로 그러할' 환경을 만든 것 같다. 따라서 이번 장에서는 일본 유아교육기관의 환경적 특성을 스스로 그러할 '然(연)'으로 보고, 사진과 함께 소개하기로 한다.

후쿠오카현 S보육원 2010

174 然, 빈 교실과 자연을 담은 놀이터

아무것도 없는 교실,
그냥 집 같은 실내 공간

일본 유아교육기관 교실에는 우리나라에서 말하는 소위 교구라는 것이 없다. 그냥 집에서 쓰다가 가지고 온 듯한 생활소품 몇 개가 교실 가장자리 서랍장에 조금 있을 뿐이다. 밥그릇, 숟가락, 나무 그릇, 천 조각, 핸드 메이드 천 인형 등이 조금은 무질서하게 놓여 있다.

유아용 교재 · 교구용품 업체에서 세트로 구입한 소꿉놀이 세트, 소방관놀이 세트, 병원놀이 세트 등이 가득한 우리나라의 유아교육기관과는 달라도 너무 다른 모습이었다. 그리고 우리나라 유치원과 어린이집 교실에는 소위 흥미 영역 배치를 위한 교구장이 교실을 구획하고 있어서 가득 찬 느낌이라면, 일본 유아교육기관 교실은 중간이 텅 빈 구조를 하고 있는 편이다. 교구장은 교실 벽면에만 몇 개 있고 중간은 비어 있기 때문에, 아이들은 교실에서 뛸 수도 있고 교실 중앙에서 각종 놀이도구를 펼쳐 놓고 다 같이 놀 수도 있다.

후쿠오카현 K보육원 2004

교구도 교구장도 부족해 보이지만, 사물함이나 장의 크기는 대체로 크다. 그들이 말하는 생활교육에 맞게 아이들 사물함에는 아이들 생활소품을 보관할 수 있어야 하기 때문이다. 바깥놀이나 산책 등을 하려면 여분의 옷이 많이 필요하다. 그리고 아이들은 놀면서 여러 결과물들을 만들어 낸다. 큰 개인 사물함은 이러한 개인 물품을 편안하게 보관할 수 있게 해 주었다. 이불이나 매트 등 부피 큰 물품을 보관하는 붙박이장도 많았다. 수납 공간이 많으면 살림하기 편한 주부의 마음을 이미 잘 알고 있는 듯, 교실 설계 당시부터 붙박이장을 많이 넣어 둔 것 같다.

일반 가정집에서 이 방 저 방 다니며 아이들이 노는 것처럼, 이 교실 저 교실 다니기 편하도록 설계해 둔 유치원도 기억에 남는다. 교토에 있는 G유치원은 교실마다 교실과 교실을 이어 주는 터널이 있어서 아이들이 놀다가 옆 반을 찾아가는 즐거움을 찾을 수 있게 해 주었다. 유치원이나 어린이집에 등원하면 바깥놀이터에 잠시 다녀오는 것 이외에(그나마 바깥놀이터가 있는 기관만 가능한 일이다) 대부분의 시간을 자기 교실에서 보내는 우리나라 아이들을 생각하면, 이러한 소소한 배려가 참으로 부러웠다. 아이들을 연령별로 학급 편성을 하고 교실을 배정해 두는 것은, 아이들의 요구가 아니라 지도의 효율성과 관리의 편리성을 따지는 어른들이 만들어 낸 모습이라는 것을 반성하게 하였다.

후쿠오카현 Y보육원 2010

후쿠오카현 M유치원 2004

후쿠오카현 K보육원 2004

텅 빈 교실, 적은 교구, 넓고 풍부한 수납장 등은 일반 가정집을 보는 듯한 느낌을 주기에 충분했다. 여기에 편안한 실내등, 원목의 가구 소품 등이 더해져 가정집 같은 분위기를 연출했다. 아이들이 좋아한다고 핑크 톤의 교구장을 쓰거나 알록달록한 플라스틱 소품을 많이 쓰는 우리나라의 교육 환경과는 참으로 달랐다. 유아교육기관은 아이들이 잠시 머물다가는 실내 놀이터가 아니다. 하루 종일 밥 먹고 자고 노는 아이들의 생활 터전이고,

교토 G유치원 2005

아이들이 유아기 대부분을 보내는 삶의 공간이다. 일본 유아교육 기관의 환경구성은 그걸 잘 아는 것 같았다. 아이들이 집 근처에 있는 또 다른 집에 온 듯한 마음으로 유아기를 보내기를 바라는 마음이 느껴졌다.

교토에 소재한 M보육원은 필자가 본 기관 중에서 가장 가정집 같은 느낌을 강하게 주었던 곳이다. 100년 이상 된 고가(古家)의 기둥을 건물 기둥으로 활용하고 태양열을 사용하고 있었다. 아이들이 집에서와 같이 편안한 마음으로 지내도록 하는 것이 가장 중요한 교육방침이라고 했다. 그래서 도기(陶器)로 된 그릇을 사용하고, 주변에서 직접 수확한 농산물로 직접 음식을 만들어 먹인다. 부드러운 원목 색깔의 실내 공간에 아이들 목소리와 웃음소리가 간간히 깔려 흐르니 마치 아이가 많은 시골 가정집에 와 있는 기분이 들었다. 영아반 교실 옆에는 욕조가 있는 목욕탕도 있어서 아이들을 씻기기 편해 보였다. 특히 전면 유리로 되어 밖이 내다보이는 햇살 가득 머금은 화장실은 부러움을 넘어 질투까지 나게 했다.

교토 M보육원 2015

언제든지 뛰어나갈 수 있는
탁 트인 벽과 유리창

　아이들은 교실에서 놀다가 바로 놀이터로 나간다. 또 놀이터에서 놀다가도 필요한 것이 있으면 바로 교실로 들어온다. 일본 아이들의 놀이 장면에서 자주 본 모습이고, 가장 부러웠던 모습 중의 하나였다. 우리는 보통 다 같이 정리하고, 양말 신고 신발 신고, 줄서서 복도를 지나거나 계단을 통과하여 바깥놀이터에 나간다. 교사들에게 바깥놀이에서 지도하기 힘든 점이 무엇인지 물어보면 어김없이 나오는 이야기는, "바깥놀이 한 번 하려면 나가는 준비하다가 시간이 다 간다."고 말한다. 상황이 이렇다 보니 정작 놀이터에서 놀이하는 시간은 늘 부족하다. 아이들은 기쁜 마음으로

후쿠오카현 K보육원 2010

준비해서 나가지만 조금 놀고 있으면 금방 들어가자고 하는 교사의 말에 실망한다. 들어가자고 하는 교사와 조금이라도 더 놀려고 하는 아이들의 실랑이 모습은 우리나라 바깥놀이터에서 자주 볼 수 있는 장면이다.

일본 아이들이 유아교육기관에서 실내, 실외의 구분 없이 다니며 놀 수 있는 이유는 환경적 배려에 있다. 필자가 본 대다수의 일본 유치원과 보육원은 실내와 실외를 잇는 데크를 가지고 있었다. 아이들은 이 데크에서 밥을 먹고, 그림을 그리고, 퍼즐을 하고, 교사의 이야기를 듣기도 한다. 실내인 듯 실내가 아닌 듯한 이 공간에서, 아이들은 좋은 공기를 마시고 바람을 느끼며 햇살을 만끽한다.

교토에서 만난 G유치원은 실내외의 공간을 분리하면서도 연결

후쿠오카현 S보육원 2010

미야자키현 Y보육원 2012

교토 G유치원 2005

해 낸 좋은 사례를 보여 주었다. 곡선형 건물과 자바라 형식의 개폐형 유리문이 설치되어 있어 바람이나 추위로부터 실내외를 분리하면서도 날씨가 좋은 날에는 실내외를 자유롭게 오갈 수 있도록 설계되어 있었다. 특히 곡선으로 이어진 건물은 교실 어느 쪽에서 나오든 놀이터로 바로 통하도록 해 주었다. 데크를 만들던지 유리문을 만들던지 어떤 방법으로든 실내외의 구분을 없애서 아이들이 실내외를 자유롭게 다니면서 놀 수 있도록 고민한 흔적들을 일본의 유아교육기관에서 쉽게 만날 수 있었다.

교토 T보육원 2005

후쿠오카현 K보육원 2010

후쿠오카현 S보육원 2010

자연이 그대로 들어와 있는 놀이터

햇살 가득, 바람 솔솔~ 일본 유아교육기관의 바깥놀이터에 앉아서 받은 느낌이다. 숲 속에서 느낄 수 있는 느낌만큼 풍부하지는 않지만, 분명 햇살을 즐기고 바람을 느끼기에 부족함이 없는 환경이었다.

바깥놀이터 가장자리는 나무를 많이 심어 두어 그늘이 생기게 했다. 그리고 맨흙 땅에 다양한 종류의 흙이 있었다. 또 물이 흐르게 하여 물소리를 들을 수 있는 곳도 많았고, 원 전체를 감싸고 물이 흐르도록 실개천을 만들어 둔 곳도 있었다. 그야말로 작은 자연이 유치원과 보육원 안 깊숙이 들어와 있는 느낌이다. 플라스틱으로 만든 알록달록한 대형 놀이기구에 충격 흡수용 우레탄 바닥

오키나와현 M보육원 2013

이 깔린 우리나라의 놀이터와는 너무나 다른 모습이었다. 그저 보기만 해도 마음이 편안해지는 느낌이 들었다.

자연 지형을 그대로 살려 경사진 언덕을 미끄럼틀로 활용하는 모습도 볼 수 있었다. 상업화된 미끄럼틀을 구입해서 두었다기보다 그 경사에 맞춰 맞춤형으로 제작하여 만든 듯한 느낌에서 자연 지형을 그대로 살려

두고픈 그들의 마음을 엿볼 수 있었다. 심지어 미끄럼틀을 만들어 주지 않은 곳도 있었다. 오키나와현에 있는 N보육원의 아이들은 매일 미끄럼틀을 직접 만들었다. 바깥놀이터로 나오자마자, 형님 반 친구들이 중심이 되어 낮고 긴 의자와 높고 긴 의자를 경사진 언덕에 맞춰 옮겨 놓았다. 도와주는 교사는 없었다. 아이들은 힘을 합쳐 의자를 늘어놓았고, 미끄럼틀이 완성되면 각자의 놀이를 즐겼다. 미끄러져 내려오는 아이가 있는가 하면, 평행봉을 하듯 두 팔을 벌리고 균형 잡아 내려오는 아이도 있었다. 스스로 만든 놀이터에서 노는 느낌은 어떨까? 재미있게 노는 아이들을 보면서, 자기가 직접 지은 집에서 자는 첫날 밤 느낌이 이렇지 않을까 하는 생각이 들기도 했다.

교토 T보육원 2005

후쿠오카현 K보육원 2004

후쿠오카현 S보육원 2010

오키나와현 N보육원 2013

오키나와현 N보육원 2013

교토 M보육원 2005

교토의 M보육원은 건물이 높은 지대에 있고 놀이터가 아래쪽 낮은 지대에 있었다. 그 지형을 그대로 살려 보육원을 지은 것이다. 재미있는 점은 건물에서 놀이터로 이어지는 완만한 경사를 기와로 잇고, 그 기와를 타고 흘러 모인 물웅덩이에서 물모래 놀이를 할 수 있도록 해 두었다는 점이었다. 흙이 있고 물이 있는 곳에는 아이들이 모이고, 아이들이 모이면 놀이가 만들어진다는 것을 가장 잘 아는 그들이었다. 그리고 그렇게 만들어진 놀이가 아이들을 가장 행복하게 한다는 것도 말이다. 일본 유아교육기관에서 그 간단한 진리를 담아 내는 환경적 배려를 확인할 수 있었다.

교토 M보육원 2005

흙도 수준이 있어!

일본 유아교육기관 아이들의 놀잇감에서 '흙'을 뺀다면 어떻게 될까? 바깥놀이를 놀이의 기본으로 하는 일본 보육에서 흙땅, 흙산, 모래장을 구성하는 '흙'은 그것 자체로 매우 중요한 환경이자 놀잇감이다. 고기도 먹어 봐야 맛을 알듯, 흙을 많이 가지고 놀아 본 일본의 아이들은 흙의 촉감과 성질을 구분한다. 입자의 크기와 점성, 물을 섞었을 때의 변화 등을 아마도 말로 설명할 수는 없겠지만, 아이들은 흙에도 수준이 있다는 것을 아는 것 같다. 어떤 놀이에 어떤 흙이 제격이라는 것을 알고 있기 때문이다. 물론 그런 아이들의 뒤에는 다채로운 흙을 제공해 주려는 일본 교사들의 전문가다운 배려가 있었다.

오키나와현에 있는 한 보육원에 갔을 때의 기억이 난다. M보육원의 원장은 얼마 전 아이들을 위해 특별히 마련했다는 야심찬 흙놀이터를 소개해 주었다. 붉은 빛을 띤 고운 입자의 점토가 산처럼 쌓여 있었다. 따로 물을 섞었는지는 모르겠지만 촉촉함과 점성이 아주 강한 끈적끈적한 흙이었다. 아이들이 어떤 모양을 만들면 그대로 고정되어 있을 '형태를 만들기 좋은 흙'이었다. 초등학교 시절 사용했던 지점토나 찰흙의 양에 부족함을 느껴 본 적이 있을 것이다. 그런데 이 보육원 놀이터에는 찰흙이 산처럼 쌓여 있어서 아이들이 찰흙을 가지고 마음껏 조물닥조물닥 이름 모를 모양을 끊임없이 만들어 낼 수 있었다. 그 재미가 필자에게도 전해져 왔다.

오키나와현 M보육원 2013

오키나와현 N보육원에서는 영아(만 1~3세)용 모래장을 만날 수 있었다. 영아용 놀이터에는 점성이 없는 모래가 있었다. 만져 보니 손가락 사이로 사르르 흘러내리는 모래알들의 촉감이 꽤 인상적이었다. 백사장의 모래보다 조금 습기가 덜한 느낌이랄까. 원장은 이런 모래의 느낌이 영아들의 뇌를 자극하고 영아들의 놀이 본능을 일깨우기 좋다고 하였다. 그리고 무엇보다 영아들은 이런 모래의 촉감을 좋아한다고 하였다. 그리고 보면 아직 소근육의 움직임이 미숙한 영아들은 모래를 그릇에 담고 붓는 단순한 활동을 반복하며, 모래의 움직임과 모래를 만지는 촉감 자체를 즐기는 것 같았다. 보육원에서 역동적인 놀이를 하는 유아들의 놀이공간과 제자리에서 비교적 움직임이 적게 노는 영아들의 놀이공간을 분리해 주는 것은 흔한 일이지만, N보육원에서처럼 '영아를 위한 흙'으로 모래를 생각해 낸 세심한 배려가 놀랍기만 했다.

후쿠오카현 K보육원 2004

　일본 유치원이나 보육원에서 모래놀이터의 기본은 바닷가 모래
다. 바닷가 모래는 '산과 강을 만들기 좋은 흙'이다. 양도 풍부하
고 삽으로 퍼 담는 맛이 있다. 그릇에 담아 음식을 만들기도 하고,
여럿이 힘을 모아 흙무덤을 만들기에도 적합하다. 산이 만들어지
면, 그 옆에 골이 생기고, 아이들은 길을 낸다. 거기에 물을 길어
와 강을 만드는 것은 흔히 볼 수 있는 일본의 흙놀이장 풍경이다.

후쿠오카현 K보육원 2010

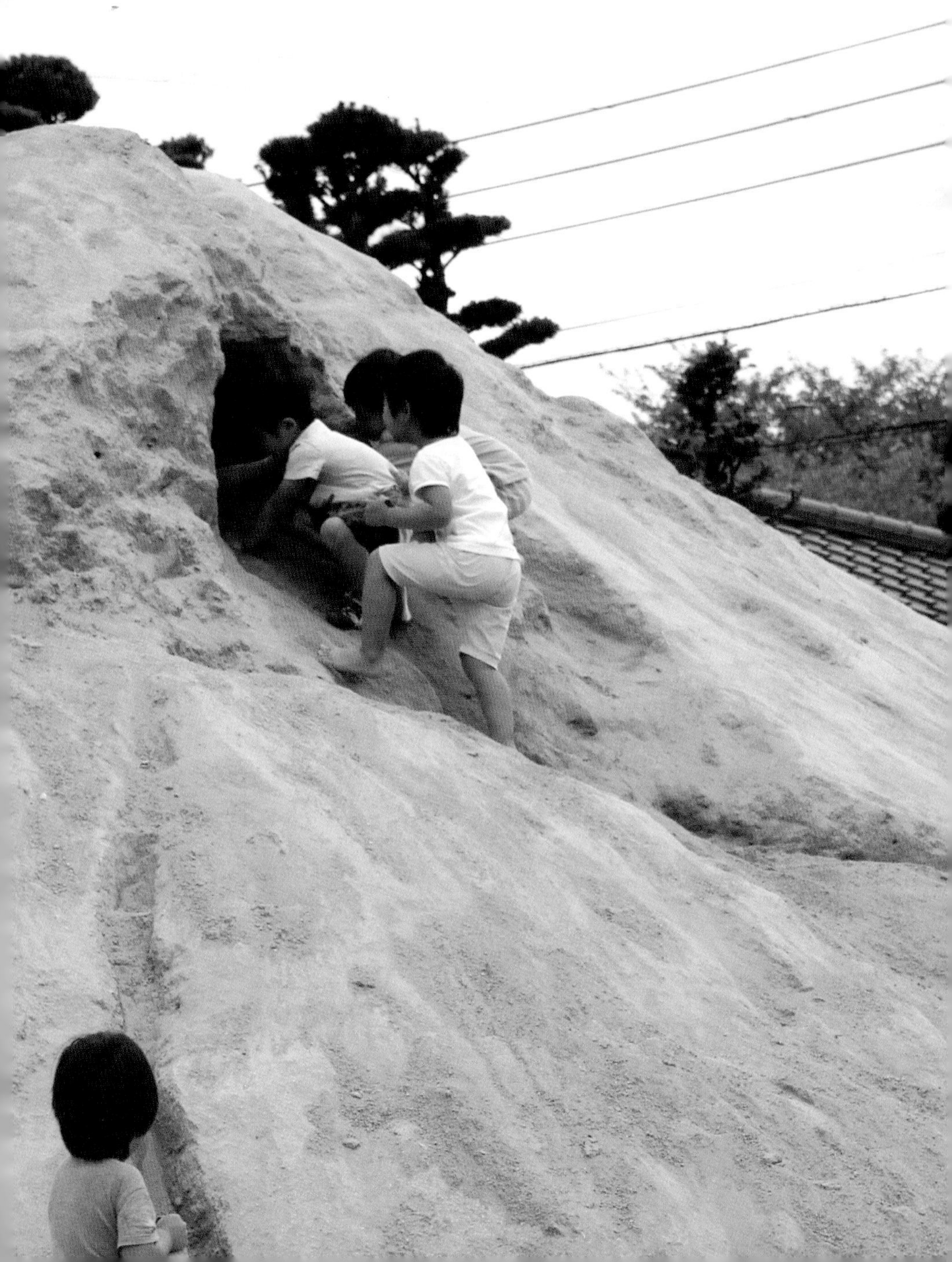

후쿠오카현 K보육원 2010

　일본 유치원이나 보육원에
는 흙공 만들기에 좋은 흙도 마
련되어 있다. 어린 시절 흙공을
만들어 본 사람은 누구나 알 것
이다. 어떤 흙이 잘 뭉쳐지는
지, 물이 너무 많지도 적지도
않아야 하고, 흙의 입자는 너무 성글지도 곱지도 않아야 한다. 흙
공 만들기에 바닷가 모래는 뭔가 아쉽다. 그래서 아이들은 땅바닥
의 흙을 모으기 시작한다. 그리고 거기에 물을 적당히 섞는다. 흙
공이 어느 정도 완성이 되면 좀 더 고운 모래를 그 위에 뿌려 주어
야 한다. 그래야 흙공이 좀 더 오래 가기 때문이다. 일본 전역의 아
이들은 이 모래를 '하얀 모래' 라고 불렀다. 하얀 모래가 많은 곳은
원마다 놀이터마다 다르고, 놀이터에서 많이 놀아 본 아이들만이

후쿠오카현 Y보육원 2010

알고 있는 마법의 비법 같은 것이었다. 놀이터의 땅바닥이라도 다 같은 흙을 가진 것은 아니다. '비온 뒤의 진흙' 은 아이들에게 또 다른 매력이 있는 흙이다. 경사 때문일까, 동경 M유치원에는 유독 비만 오면 물웅덩이가 생기는 곳이 있다. 자주 물이 고이는 곳은 주변 땅하고는 달리 무르다. 이를 아는지 모르는지 신기하게 비온 다음날 고인 물웅덩이 주변에는 '삽질' 을 하는 아이들이 모여든다. 아이들은 무슨 대어라도 낚는 듯 물웅덩이 속에서 질퍽한 진흙을 퍼 올린다. 그리고 주변의 무른 땅을 파기 시작한다. 이 땅이 유독 아이들의 흥미를 끄는 것은, 아마도 힘은 들지만 힘든 만큼 길을 낼 수 있고, 원하는 대로 모양이 바뀐다는 장점이 있기 때문일 것이다. 그야말로 아이들에게서 '서부 개척정신' 을 끄집어 내는 흙이다. 덕분에 M유치원의 교사들은 아이들이 돌아가고 나면 아이들이 파헤친 땅을 다시 평평하게 골라 줘야 한다.

동경 M유치원 2012

동경 M유치원 2013

동경 M유치원 2012

일본 유아교육기관을 보면서 그냥 바깥놀이터가 있는 기관이 아닌, 흙도 수준이 있는 바깥놀이터를 가지고 있구나 하는 생각을 했다. 영아를 위한 흙, 형태를 만들기 좋은 흙, 산과 강을 만들기 좋은 흙, 흙공을 만들기 좋은 흙, 비온 뒤의 진흙 등 많은 것을 고려한다. 다양한 흙의 종류만큼 아이들의 흙놀이는 더욱 풍부해졌다. 그리고 흙놀이를 오래 할 수 있도록 놀이터에 큰 그늘막을 쳐 주는 배려도 잊지 않았다.

후쿠오카현 S보육원 2010

흙놀이는 물을 만나면서 더욱 다양해질 수 있었다. 아이들은 언제나 원하는 만큼 물을 가져다 쓸 수 있다. 오키나와현의 M유치원에서는 아예 수돗물을 틀어놓고 있었다. 더운 날씨에 바깥놀이터 바닥으로 물이 흘러들게 해서 열도 식히고, 아이들 놀이도 격려하려는 듯했다. 수도세가 걱정되어 원장에게 물어봤다.

"물은 아이들 교재예요. 아이들이 색종이를 원하면 색종이를 주듯 물도 주어야지요. 수도세는 걱정 없어요. 교재비로 생각하면 아까울 것이 없으니까요."

충격 그 자체였다. 수도세를 지원받은 운영비에서 지출할 수 있다니. 책이나 교재·교구 등을 등록된 유아교육 업체에서만 구입할 수 있는 우리나라의 현실과 너무 비교되었다. 유아의 놀이와 놀잇감을 보는 관점이 차이였다. 유아기 아이들에게는 '물과 흙이 최고의 놀잇감'이라는 익히 알지만 직접 눈으로 확인하기 어려웠던 명제를 다시 한번 확인한 거 같았다.

'아이들의 고향'이
되어 주고픈 유아교육기관

"나의 살던 고향은 꽃피는 산골
복숭아 꽃 살구꽃 아기 진달래
울긋불긋 꽃 대궐 차리인 동네
그 속에서 놀던 때가 그립습니다."

이원수가 작사하고 홍난파가 작곡하여 1927년에 발표한 〈고향
의 봄〉이다. 지금의 40~50대 세대는 누구나 이 노래를 기억하고
있다. 가끔 자기도 모르게 흥얼거리는 노래이기도 하다. 필자 역
시 가끔 이 노래를 떠올리며 어릴 적 산으로 들로 뛰어다니며 놀
던 유년기를 기억한다. 어릴 적 놀던 기억은, 마법 같이 힘든 나날
을 살아갈 힘을 주는 것 같다.

'행복한 유아기는 오래 남는다.'고 생각한다. 그래서 유아교육
연구자로서 꿈꾼다. 아이들이 먼 훗날 떠올리는 행복한 유아기 한
켠에 유치원과 어린이집이 있어야 한다고. 그러려면 아이들에게
무엇을 가르치고 어떻게 가르쳐야 하는지에 대한 생각에 앞서 좀
더 아이들이 원하는 것을 들여다볼 수 있어야 한다. 그리고 아이들
이 자신의 자율 의지로 뭔가를 할 수 있는 기회를 주어야 한다. 환
경은 그렇게 할 수 있도록 도와주는 최소한의 장치가 되어야 한다.

교토에 있는 T보육원의 원장은 1980년 개원 당시 자갈밭이나
다름없던 바깥놀이터를 나무와 꽃, 곤충으로 가득한 마당으로 만

교토 T보육원 2005

들어 놓았다고 한다. 놀이터에는 밤, 감, 오디, 모과, 블랙베리, 버찌, 자두, 귤, 석류, 은행 등 64종 이상의 유실수와 나무가 심겨 있었다. 아이들은 나무 타기, 벌레 찾기, 누에 기르기, 풀꽃 염색, 자연물 조형 등을 하고, 잼이나 과자 재료가 되는 과일은 아이들 생일 선물로 활용하고 있거나 급식 재료로 사용된다고 했다. 빈 상자를 이용하여 벼까지 심어 둔 것을 보고 원장의 철학이 이런 보물창고를 만들었구나 하는 생각을 했다.

이렇게 만들어진 놀이터는 아이들에게 '보물기지'가 되었다. 아이들이 태어나서 초등학교에 들어가기까지 6년이라는 시간 동안 하늘, 땅 모든 자연에 접할 수 있도록 하자는 취지에서 만들어 준 보육 환경이었다. 원장은 특별히 놀이터에 유실수를 많이 심는 이유를 다음과 같이 이야기한다.

교토 T보육원 2005

然, 빈 교실과 자연을 담은 놀이터

교토 T보육원 2005

"자연과 함께 노는 모습은 반세기 전만 해도 의도적으로 만들지 않아도 당연히 존재했던 일본의 풍경이었어요. 하지만 지금 일본 아이들은 변했지요. 변한 것은 아이들만이 아닙니다. 가족, 지역 사회, 노동 형태, 대중 매체 등 모든 환경이 변했어요. 당연히 아이들에게 그 영향이 미칠 수밖에 없지요. 그러나 아이들은 우리 모두의 아이들이죠. 그래서 변해 가는 아이들과 우리가 대화할 수 있는 부분을 남겨 두고 싶어요. 그것은 바로 텔레비전이나 컴퓨터의 영향이 미치지 않는 생명의 세계에서 아이들이 놀 수 있도록 하는 배려라고 생각해요. 모든 아이가 나무 열매를 먹을 수 있다는 것을 알면 눈을 반짝입니다.

오키나와현 M보육원 2013

그리고 움직이는 것에 주목하지요. 누군가가 생명에 손을 뻗
치면 그것을 보고 있던 아이도 반드시 따라합니다. 어린이집
이라는 틀 속에서 생활하고 있지만 아이에게 자신이 좋아하는
것을 발견해서 몰두할 수 있는 자유로운 시간을 보장해 주지
않으면 안 된다고 생각합니다. 훗날 우리 아이들이 어른이 되
었을 때, '어릴 때 어린이집이 참 재미있었어.' 라고 누군가 이
야기해 준다면 참 기쁠 것 같네요."

오키나와현 M보육원 2013

적어도 T보육원의 원장에게 어린이집 공간은 '아이들의 고향' 같은 거였다. 아이 한 명 한 명의 추억까지 생각하는 마음에서 진정으로 아이를 모시는 마음이 어떤 것인지 느낄 수 있었다.

아이들에게 자연과 놀이와
아이다움을 되찾아 준

우리나라의 유아교육,
생태유아교육

　필자들은 '옆집 아줌마'의 말에 휘둘리는 우리나라 유아교육의 시선을 일본의 어느 보육원으로 옮겨 보길 바라는 마음으로 이 책을 시작했습니다. 유치원과 보육원에서 하루 종일 흙을 밟으며 친구들과 어울려 뛰어 노는 해맑은 아이들의 웃음을 보면서 아이들의 유아기는 이래야 한다는 생각을 했습니다. 이제 이런 아이들의 모습이 그저 부럽게만 보이는 이웃 나라 일본의 이야기가 아니라 우리나라 아이들의 유아기 모습이 되었으면 좋겠습니다.

　유아교육 전공자끼리 이야기합니다. 유아기는 놀아야 한다고, 바깥놀이가 중요하다고, 아이들은 놀면서 배운다고 이야기를 합니다. 유아교육 전공자 중에 유아기 놀이의 중요성이나 자연의 교육적 가치를 부정하는 사람은 없을 것입니다. 부모들 중에도 이것을 모르는 사람은 없을 것입니다. 그러나 현실은 교실에서 가르치는 유아교육을 만들었습니다. 밖으로 나가고 싶어 하는 아이들의 놀이 욕구를 반영하지 못하는 환경을 만들었습니다.

오늘도 많은 아이들이 교실이라는 실내에 갇혀 교육과정이라는 명제하에, 제시된 생활주제에 따라 공부를 하고 있습니다.

필자들이 본 일본 보육의 핵심은 '자(自), 신(身), 식(食), 육(育), 심(心), 연(然)'이었습니다. 스스로 하게 하고, 몸을 강조하고, 매일 먹는 밥을 귀하게 여기게 하며, 가르칠 교(敎)보다는 살아가는 힘을 길러 주는 육(育)에 초점을 맞추고, 스스로 그러한 자연에서 해답을 찾으려고 합니다. 이 간단한 여섯 글자를 우리나라 유아교육 현장에도 심을 수는 없을까 하는 생각으로 곰곰이 살펴보았습니다. 바깥쪽 글자부터 순차적으로 합쳐서 읽어 보니, '자연, 신심, 식육'이라는 단어로 정리되었습니다.

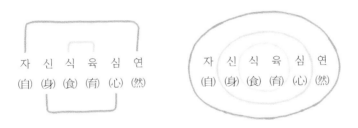

<보육의 핵심 원리>

나도 모르게 '아하~' 소리를 내게 됩니다. 아이는 '신'과 '심'의 존재이며, 아이가 자라는 데는 '자연'이라는 환경이 필요합니다. 아이는 자연에서 스스로 살아갈 힘을 기르며 자라납니

다. 굳이 우리가 교육을 해야 한다면 '식'과 '육'을 통한 교육, 즉 '생활 속에서 스스로 살아갈 힘을 기르는' 정도의 최소한의 개입만 하면 될 것입니다. 전혀 새로운 이야기가 아닙니다. 유아 교육 전공자가 아니라도 아이를 키우다 보면 저절로 알게 되는 상식입니다. 그동안 '상식'이 '지식'이라는 틀에 갇혀 나오지 못한 것 같습니다. 배운 지식으로 아이에게 무엇을 주려고만 하지 말고, 아이의 눈빛과 표정, 노는 모습을 진지하게 보게 된다면 '상식'이 '일상'이 되는 유아교육 현장을 만날 수 있을 것입니다.

아이들에게 살아가는 힘을 길러 주고자 노력하는 일본의 유아교육이 있다면, 우리나라에는 '생태유아교육'이 있습니다. 생태유아교육은 부산대학교 유아교육과와 부산대학교부설어린이집이 중심이 되어 우리나라 유아교육 현장에 '아이들에게 자연과 놀이와 아이다움을 되찾아 주자.'는 메시지를 던져 왔습니다. 산책을 제안했고, 바깥놀이의 중요성을 강조했고, 텃밭 가꾸기와 숲반 운영 등을 통한 자연생명과의 만남을 주장했습니다. 생활주제가 아닌 세시 절기에 맞춘 일과 운영을 보여 주었고, 교육계획안을 먼저 짜기보다는 보육일지를 적으면서 아이들을 더욱 열심히 보기를 제안했습니다.

그래서 그런지 참 많이 변했습니다. 1995년부터 생태유아교육을 전하며 아이들을 '밖으로 밖으로' 데

리고 나가자고 했을 때 우리나라 유아교육 현장은 안전을 걱정하며 주춤거렸습니다. 그리고 학부모들이 싫어한다고도 했습니다. 그러나 20여 년이 지난 지금, 국가 수준의 교육과정에 하루 1시간 이상의 바깥놀이가 들어왔고, 산책을 넘어서 숲에 데리고 나가 주길 원하는 학부모들이 생기기 시작했습니다. 그러나 여전히 현장의 움직임은 더딥니다. 아직도 많은 아이들이 교실에서 교사가 제시하는 활동에 따라가기 바쁩니다. 많은 교사들이 머리로는 알겠는데, 무엇을 어떻게 시작해야 할지 모르겠다고 말합니다. 머리는 아는데, 몸이 움직이지 않는다고도 합니다. 자기는 아이들을 놀리고 싶고 밖에 데리고 나가고 싶은데 옆 반 선생님이, 원장님이 안 된다고 하기도 합니다.

이 책이 이런 현장에 조금이라도 도움이 되면 좋겠습니다. 아토피를 가진 아이를 우리보다 훨씬 일찍 만나면서 유아교육을 다시 생각해 본 일본의 먼저 간 발걸음에서, 우리가 걸어가야 할 10년 뒤 20년 뒤의 유아교육 모습을 그려 볼 수 있는 계기가 되길 바랍니다.

"유치원과 어린이집 놀이터에서 아이들이 노는 모습을 보면 제가 더 행복해요. 어릴 때는 이렇게 놀아야 하는 것 같아요."

이제 더 이상 부러워만 하지 말고 많은 학부모들이 이런 말을 할 수 있는 날을 꿈꿔 봅니다. 나가서 놀고 싶어 하는 아이들의 표정이 유아교육과정에 반영되고, 자녀의 행복한 유아기를 만들어 주고픈 어머니들의 바람이 유아교육 현장을 바꾸고, 편안하고 여유로운 일과를 희망하는 교사들의 노력이 모이고 모여 진정한 아동중심, 놀이중심, 생활중심의 유아교육이 펼쳐지는 우리나라 유아교육 현장을 기대해 봅니다. 그리고 그들 모두를 응원합니다.

| 저자 소개 |

김은주 | 부산대학교 유아교육과를 졸업하고 동 대학원에서 교육학 박사학위
를 취득하였다. 1998년 처음 일본 보육 현장을 방문한 이후, 꾸준히 현장을 들여
다보며 한국 유아교육에 대한 성찰 및 방향을 모색하고 있다. 현재 부산대학교 유
아교육과 교수로 재직하고 있으며, 아이·교사·부모 모두가 행복한 유아교육을
위한 '생태유아교육'과 '숲교육'에 관심을 갖고 연구 중에 있다.

이하정 | 부산대학교 유아교육과를 졸업하고 일본 큐슈 대학교에서 박사학위
를 취득하였다. 현재 부산대학교 유아교육과 BK21 플러스팀에서 계약교수로 일하
고 있다. 2006년부터 일본의 보육 현장에서 이루어지는 아이와 교사의 생활과 부
모 및 지역사회와의 협력관계에 관심을 갖고 연구 중에 있다.

임지연 | 부산대학교 유아교육과를 졸업하고 일본 오차노미즈 여자대학교에
서 박사학위를 준비 중이다. 유학하면서 일본 내의 여러 유치원 및 보육원을 참관
하고 교사들의 이야기를 들으며 우리나라와 일본의 보육관의 차이에 관심을 가져
왔다. 현재는 우리나라와 일본의 유아교육기관 교육과정 이론과 운영 방식을 비교
하는 연구 중에 있다.

2015년 10월 20일 1판 1쇄 발행
2019년 7월 10일 1판 3쇄 발행

지 은 이 · 김윤주 · 이하정 · 임지연 공저
펴 낸 이 · 김진환
펴 낸 곳 · (주) **학지사**
　　　　　121-838 서울시 마포구 양화로 15길 20 마인드월드빌딩
대표전화 · 02-330-5114　　팩스 · 02-324-2345
등록번호 · 제313-2006-000265호

홈페이지 · https://www.hakjisa.co.kr
페이스북 · https://www.facebook.com/hakjisabook

ISBN 978-89-997-0800-8 03370

정가 13,000원

이 도서의 국립중앙도서관 출판시도서목록(CIP)은 서지정보유통지
원시스템 홈페이지(http://seoji.nl.go.kr)와 국가자료공동목록시스템
(http://www.nl.go.kr/kolisnet)에서 이용하실 수 있습니다.
(CIP 제어번호: CIP2015025968)

교육문화출판미디어그룹 **학지사**

심리검사연구소 **인싸이트** www.inpsyt.co.kr
원격교육연수원 **카운피아** www.counpia.com
학술논문서비스 **뉴논문** www.newnonmun.com
간호보건의학출판 **학지사메디컬** www.hakjisamd.co.kr